いつ大災害が起きても家族で生き延びる

防災士
小川光一

プロローグ

あるところに、ネコの家族が仲良く住んでいました。
ネコたちが住んでいるのは島国です。
自然が豊かで、食べ物に困ることもありません。
しかし、地震がたびたび起きる国でもあります。
子どもネコは、とても不安を感じていました。
そこで、物知りなパパに話を聞いてみることにしました。

「ねえねえ、パパ。最近、よく地震がおきるね。
もっと大きな地震がくるんじゃないかって、僕とってもこわいよ」

「そうだな。でも、地震が多いのは今に限ったことじゃないんだよ。私たちが住んでいるところは昔から自然災害がとっても多いから、そなえることがとても大切なんだ」

「でも、僕たちが生きている間に、おうちが壊れちゃうほどの地震がぜったいにくるともかぎらないよね？」

「ふむ、確かに生きている間にそんな大地震はこないかもしれない。でも、もし起きてしまったときに、たいしたそなえもしてないと、大きな被害に遭ってしまうよ。そのときに何がつらいと思う？」

「うーん……、おうちが壊れたり、お金がなくなったりするのかな。でも、一番つらいのはパパやママ、友達に会えなくなることかなぁ」

「その通りだ。大切な人が亡くなってしまうことは何よりもつらい」
「絶対いやだよ！」
「そうだね。何もそなえずに過ごしてしまったばっかりに、
守れたかもしれない命を失ってしまうなんて、
誰もが味わいたくないはずだ。だから、私たちは大切な人のために、
平穏な日常を送っている今こそそなえをしておくべきなんだ」
「そっか！　自分のためよりも、大切な人のためって考えたほうが、
やらなきゃいけないってパワーがみなぎってくる気がするね！
なんだかやる気が出てきたよ！」
「よし、お前がやる気になっている今のうちだ。
これから一緒に防災について勉強をしよう」

はじめに

災害で人が亡くなるたびに、思いを巡らせます。「その人は防災対策をしていたのだろうか」と。「災害に対して心構えを持っていたのだろうか」と。

その一方で、生き残った方々は、テレビのインタビューに向かってこう答えます。「まさかこんなことになるとは」と。「まさか自分たちが災害に遭うとは」と。

あなたも「自分の街は大丈夫」と思ってはいませんか？

私は東日本大震災で、友人を一人亡くしました。直後は周りに言うこともできず、悲しみをどこにぶつけていいのかもわからず、悶々《もんもん》とした日々を過ごしていました。

そんな中で、自分のいる場所が地震で揺れるたびに、「自分も同じ立場だったら、生き延びることはできなかったのではないか」と考えるようになりました。**いざとなると、助かるための具体的な方法がまったくわからない**のです。これまでの人生で「防災」という分野を避けてきていたのだと、そのときに初めて自覚しました。

□ 防災は「大切な人」を守る

そんな自分が、大きな転機を経て防災に真正面から向き合うことになりました。そうすると備えることがいかに重要なのか、実感するようになりました。**防災をするかしないかで、助かる確率は大きく変わります。**

防災士の資格も取得し、気付けば47都道府県で約１８０回に渡って防災講演を行う身となり、数千人に及ぶ全国の防災関係者とつながりました。そして、その方々の思いを聞くたびに、「もう誰にも、災害で死んでほしくない」と強く思うようになりました。「大切な人のためなら、防災をしたくなる」と信じて、一人でも多くの方が防災をしたくなるように努めています。

私はもともと、アフリカのウガンダ共和国でホームスクールの運営支援を行ったり、カンボジアのエイズ病棟で『それでも運命にイエスという。』というドキュメンタリー映画を制作したりするなど、主に海外で活動をしてきました。

しかし、2011年3月11日に発災した未曾有《みぞう》の大災害を受けて、海外での自分の支援経験などを活かせないかと考え、岩手県陸前高田市を中心に被災地に入るようになりました。

被災地の方々と触れ合う日々の中で、防災をすることの大切さを感じ、現地で防災活動を行っている認定NPO法人・桜ライン311に参画するようになりました。

桜ライン311では、岩手県陸前高田市内の津波到達地点に桜を植えることで、防災のメッセージを後世の人たちに伝えようとしています。彼らの活動をサポートしながら密着取材を続け、防災ドキュメンタリー『あの街に桜が咲けば』という映画を製作しました。そして、日本各地での防災意識の喚起を目指し、この映画を抱えて全国上映を回り続けました。

約2年間で、全47都道府県171会場にて上映し、概算累計動員数2万人以上に防災のメッセージを伝えました。

□誰もが「自分の街は大丈夫」と思っている

映画を見た方の多くが防災対策をしてくださったり、映画を上映した地域で自主防災組織が発足したりしました。非常に有意義な瞬間も多くありました。

しかしそんな中で、私の前に一つの大きな問題が立ちはだかったのです。それが「自分の街は大丈夫」問題です。

「この街は災害の歴史も少なくて安全ですが……」
「私の住んでいる地域は災害が少ない場所なので……」

上映スタッフから、来場者、役所の人、その街の市長まで、面白いくらい同様に、皆さんが「自分の街は大丈夫」だと繰り返すのです。

もしその言葉が正しかったとしたら、日本はこんなに全国各地で災害による犠牲者を出していないはずなのに、です。

私たちはどうしても心のどこかで、「自分は大丈夫」と言い聞かせながら、生きてしまっているのだということを痛感しました。

たしかに、不安を抱えながら生きていくのは難しいことなので、仕方ないことなのかもしれません。しかし、地震を引き起こす活断層は日本の下に約2000層以上あります。台風は年平均26個来ますし、活火山は110山あります。日本全国、いつどこで災害が起きてもおかしくありません。**いざ、被災してしまってから、「まさか自分が被災するとは思ってなかった」なんて、誰も言えない国に住んでいるのです。**

東日本大震災が起こったとき、「阪神淡路大震災の教訓を東北で活かせたのか」という声を聞くことがありました。そして、現在は、大きな災害が起きるたびに、「東日本大震災の教訓を活かせているのか」という話題が必ずあがります。

そのような「直近の震災」に学ばなくても、日本には古く古墳時代の地震から記録が文字として残っています。1923年には関東大震災で10万人以上が亡くなりました。1940年代には4年連続で大地震が起き、死者1000名以上を出し続けた時期もあります。教訓が伝わっていない連鎖がずっと続いているだけで、教訓はあふれるくらい、すでに十分そろっているのです。

残念なことに、これからも災害は起き続けます。少しでも防災の知識を身に付けるだけでも、少しでも防災対策をするだけでも、助かる命、助からない命、未来が大きく変わっていくことは間違いありません。

この本では、「災害が起きる前にできること」と「災害が起きたときにするべきこと」の前後編に大きく分け、事前に備えてほしいことや災害が起きた瞬間にするべきことをまとめました。この本を通して、家族と一緒に防災対策をしたくなったり、大切な人に防災の話をしたくなったり、そんな温かい形で防災が広がっていくことを強く望んでやみません。

もう一度、お聞きします。**あなたも「自分の街は大丈夫」だと思ってはいませんか？**

２０１６年９月

小川光一

『いつ大災害が起きても家族と生き延びる』目次

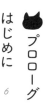

第6章 風水害

第7章 火山災害

災害が起きる前に

第1章 災害心理を知ろう

災害が起こったときに、人はどう考え、どう動くのか？

まず、私たちが備えるべきこととして最初にあげたいのは、「災害心理を知る」ということです。**災害が起きたその瞬間、「災害心理を知っているかどうか」が生死を分けるのです。**

災害心理とは、自然災害（地震、津波、火山噴火、台風など）や人為災害（火災、テロ、事故など）が起こったときに、人間の心がどのように動くのかということです。災害前後の心境の変化や、後々まで残る心の傷などの分析、災害の予防・二次被害拡大の防止まで、幅広いテーマが扱われています。

その中でも、本書では、防災力を高めるために必要不可欠と考えられている「災害の予防における災害心理」について話をしていきます。

□自分の心理・行動を整える

災害の予防における災害心理とは、**災害時に、「人がどんな心理に陥るのか」「人がどんな行動を起こすのか」**ということです。災害時の「心理あるある」「行動あるある」のようなものになります。

災害が起きたときに、多くの人が陥りやすい心理状況や、起こしやすい行動を、私たちは過去の災害事例から知ることができます。それらを日頃から学び、いざというときに活かすことができれば、一人ひとりの防災力に直結します。

災害心理を知ることで、「あっ、今、あの心理に陥ってる……!」「あれ? 自分が今やっていることって、悪い事例としてあげられていたものじゃないかな……?」と気づき、自分の心理や行動をリセットすることができるのです。

「こういう状況になったらこう思いがちなんだな。でも、こういう心理にならないように気をつけよう」という事例を、自分の頭の中にたくさん蓄積しておきましょう。

災害心理①

正常性バイアス

「大丈夫。自分は危険じゃない」

災害心理の代表格としてあげられるのが、「正常性バイアス」です。災害や事件に巻き込まれたとき、**自分にとって都合の悪い情報を無視したり、過小評価したりしてしまう人間の特性**です。多くの災害で、この正常性バイアスが大きく影響を及ぼしています。「正常化の偏見」「恒常性バイアス」などとも呼ばれます。

□ 危険なのに「正常」と判断してしまう

私たちは不安を感じながら生きていくことが難しい生き物です。あれもこれも心配していたら、精神的に病んでしまいます。そのため、人間は何かにつけて自分を安心させながら生活を送っています。それ自体は決して悪いことではありません。むしろ人間にとって、必要不可欠な機能です。

人が陥りやすい心理①

正常性バイアス

特徴

●自分にとって都合の悪い状況を無視する

●精神衛生を保つための人間の本能

●命が危ない状況で逃げるのが遅れてしまう

しかし正常性バイアスには問題があります。緊急時でも、ある程度の限界まで、「正常の範囲」として処理しようとしてしまいやすいのです。つまり、**危険な目に遭っているにもかかわらず、「大丈夫、これはいつも通り。自分は危険じゃない」と思ってしまいやすい**ということなのです。

たとえば、避難勧告が出ても一向に逃げず、本当に命が危ない状況に直面して初めて逃げる。そんな手遅れのケースはたびたび報告されています。「はじめに」でご紹介した「自分の街は大丈夫」問題も、正常性バイアスの仲間といえるでしょう。

自分の街は災害の歴史が少ないから大丈夫。自分の街は地盤が強いから大丈夫。自分の街は自治体が防災に力を入れているから大丈夫。……いずれも、「災害の危険性」という都合の悪い情報を無視し、ポジティブな理由を並べて、正常化を図っています。

正常性バイアスが発揮されるのは災害時だけではありません。体に非常に悪い影響があるとわかっているたばこでも、正常性バイアスが問題とされています。

すぐ死ぬわけじゃないから大丈夫。吸いながら長生きしている人もいるから大丈夫。

多くの人が、たばこの害から目を背け、止めなくていい理由を並べながら生きている現状があるのです。

□危険なのは「災害」ではなく「自分自身の思考」

フランスの哲学者であるジャン＝ジャック・ルソーは「**自然は決して我々を欺かない。我々を欺くのは常に我々自身である**」という有名な言葉を残しています。

災害自体が私たちを危険な目に遭わせているのは事実ですが、それ以上に自分の危機意識の欠如が、自らをより追い込んでいることに気づかなくてはなりません。

災害が起こるたびに「想定外だった」「まさかこんなことになるとは思わなかった」という声が聞こえてきますが、それは自分自身が作り出してしまった状況に他ならないのです。

正常性バイアスが自分たちの心の中に強く根付いていることをしっかりと認識し、災害を甘く見るようなことがないようにしなければなりません。

災害心理②
凍り付き病
「えっ……どうしよう……」

災害時に人はどんな行動をとるのか。興味深い統計がイギリスで報告されました。心理学者であるジョン・リーチ氏の研究結果によれば、次の三つの行動に大きく分かれるそうです。

1. 落ち着いて行動する＝およそ10〜15％
2. 我を失って泣き叫ぶ＝およそ15％
3. 呆然、当惑、フリーズする＝およそ70〜75％

なんと大多数の人がショック状態に陥り、呆然として何もできなくなってしまうという結果が出たのです。**予想してなかった急激な展開に脳がついていけず、呆然としてし**

人が陥りやすい心理②

凍り付き病

特徴

●パニックになってしまう人は意外に少ない
●大多数の人がショック状態に陥り、フリーズしてしまう
●落ち着いている人が声を掛け、フリーズを解いてあげる必要がある

まう「凍り付き病」といわれる状態です。

□凍り付くと「生き残るチャンス」を失う

たとえば、1977年にスペインのテネリフェ空港にて、大型の飛行機同士が滑走路で衝突し、600人近い死者が出てしまった史上最大の航空事故では、生還した人が「大勢の人が凍り付いたかのような状態になり、脱出のチャンスを逃してしまっていた」と証言していたそうです。

凍り付く時間は人それぞれ長短があるといわれていますが、その災害が危機迫るものであればあるほど、一瞬の凍り付きでも命取りになってしまいます。

この凍り付き病の原因の一つとして、まず、20ページでご紹介した正常性バイアスがあります。嘘のような話ですが、**自分の置かれている現実を受け入れることができず、都合の悪い状況を無視しようとして、固まってしまう**のです。

そして、もう一つの原因として、「目の前の危機的状況に対して、どう動いたらいいのかわからない」ということもあげられます。それこそ防災の知識を身に付けていなければ、誰だって動くことはできません。こういった場合はまず頭を守る、こういった場合はすぐに外に出る。そういったシチュエーションごとの知恵を持っておくだけで、私たちは一歩でも早く、安全な決断や行動が取れるようになっていきます。

また、**もし凍り付いた状態に陥っている人が周りにいた場合、そのフリーズを解いてあげる必要があります。**身体を揺すったり、大きな声で話しかけたり、一刻を争う瞬間であれば、顔を叩くなり、手荒なまねも仕方ありません。とにかく時間の許す限り我に返らせる努力はするべきです。

なお、その一方で、我を失って泣き叫ぶ人間は15パーセント以下ということですから、人はあまり簡単にはパニック状態に陥らないことがわかります。

しかし、パニックに陥ることを恐れるあまり、「冷静に行動してください」「落ち着いてください」といった部分を強調してアナウンスしてしまう街や施設が非常に多いといわれています。それよりも、フリーズしてしまっている大半の人に対して、シンプルに何をすべきか、「高台へ避難」「初期消火」という具体的なキーワードをはっきりと伝えることが重要です。

災害心理③
戻ってしまう病
「貴重品を今のうちに取りに戻ろう」

「戻ってしまう病」も、災害心理の代表格です。これは、**貴重品や忘れ物を取りに、危険な場所についい戻ってしまう心理**のことを表します。とくに、津波が到達する危険性がある場所に戻るとしたら、それは非常に危険で、致命的な行動となってしまいます。

2011年の東日本大震災でも、「貴重品を取りに戻って、帰って来なかった人がいた」と、生き抜いた方の多くが証言しています。ましてや、一度は高台まで逃げて来たのに、もう安全だと判断して貴重品を取りにまた戻ってしまった人までいたようです。とても心が苦しくなります。

□「津波と聞いたら、欲捨て逃げろ」。先人のメッセージ

この戻ってしまう病、実は先人たちからのメッセージとして、「石碑」という形でも、

人が陥りやすい心理③

戻ってしまう病

特徴

- 貴重品や忘れ物を取りに、危険な場所に戻ってしまう
- 危険とわかっていても、様子を見に行きたくなる
- 人間はだれでも欲が出る

私たちに警告を与えています。地震、津波、噴火、火災といった大規模な災害の教訓を後世に伝え残すために作られたモニュメントが、日本各地の至るところにあるのです。

たとえば、京都府宮津市では、701年に起きた大宝地震の石碑（波せき地蔵堂）が標高40メートル地点に残されており、津波の恐ろしさを伝えています。

これは東北にも当てはまります。主なものでは、1896年6月15日に発生した明治三陸大津波や、1933年3月3日に発生した昭和三陸大津波の石碑が残っています。東日本大震災直後には、数多く話題に取り上げられました。

岩手県陸前高田市では、広田という一つの地区だけで七つほどの石碑があります。その石碑の文字を読んでみると、明治三陸大津波によって一つの地区だけで552人が亡くなったことなどが記録されており、その災害の大きさがわかります。

そして、「低いところに住家を建てるな」「それ津波機敏に高所へ」など、さまざまな教訓も書かれている中で、とりわけ印象深い言葉が書かれた石碑を、数多く発見することができます。それは「**津波と聞いたら、欲捨て逃げろ**」です。先人たちが残した、実に強烈なメッセージで、この言葉に「戻るな」という教訓が集約されています。戻ってしまう人が絶えない。それは昔から繰り返されているのです。

こういった災害の歴史やメッセージを踏まえて、私たちは「つい危険な場所に行ってしまう」という行動を起こしやすいことを実感できます。この話を知ったことで、私は緊急時、危ない場所には絶対に行くまいと心の中で誓いました。もし、仮にこの話をまったく知らずに日常を過ごしていたとすれば、私は危ない場所に簡単に戻ってしまっていたかもしれません。

誰にも言えることですが、人間は欲が出ます。だからこそ、つい貴重品を取りに戻ってしまいます。しかし、**命より大切な貴重品はありません。**それ以外の欲は捨てる覚悟を、日頃から持っておくことが大切です。

危険な場所に大事なものを取りに行こうとしている自分に気付いたときは、すぐに安全な場所に戻り、危険な状態が回避されるまで、待機してください。そしてもちろん、周りの人がそういった行動を取ろうとしている場合は、どんな事情があろうと全力で止めてください。

災害心理④

多数派同調バイアス「みんなでいるから大丈夫」

人間は集団で生活し、他人と協調することによって文明を発展させてきました。しかしその一方で、周りの人と同調し過ぎると、災害時に危険な状況に追い込まれてしまうことがあります。

これを心理学的に「多数派同調バイアス」といいます。**自分以外に大勢の人がいるときに、一人なら行動できたはずのことができなくなる心理状態**のことを指します。

□「空気を読む」が命取りに

災害時、人は一人でいると、自分の判断で行動を起こします。しかし、周りに人がいればいるほど「みんなでいるから大丈夫」という安心感を抱き、避難行動などが遅れる傾向にあるのです。

人が陥りやすい心理④
多数派同調バイアス

特徴
- 自分以外に大勢の人がいるときに、周りに合わせようとしてしまう
- 危険な状況でも、「みんながいるから大丈夫」と思ってしまう
- 一人だけ騒ぐと恥ずかしいという心理がはたらく

また、「自分だけ騒いで逃げるのは恥ずかしい」という気持ちから、お互いに無意識に牽制《けんせい》し合ってしまい、その結果として、逃げるタイミングを失う場合などもあります。いわゆる「空気を読む」という状態です。

２００３年の韓国では、とても奇妙な現象が起きました。テグ市の地下鉄で火災が発生し、約２００人もの犠牲者が出ました。大惨事です。しかし事故後に報道された写真には、平然と座席に座ったままの人たちが多く映し出されたのです。もちろん多くの煙が出ているのにもかかわらず、です。

「みんなでいるから大丈夫」と思ってしまったのか。一人だけ騒ぐのは恥ずかしくて無意識に牽制し合っているのか。「自分は危険な状況ではない」と正常性バイアスによって言い聞かせてしまっているのか。

いずれにせよ、**逃げるタイミングを大きく逸してしまったために、多くの方々が帰らぬ人となってしまいました。**

また、「アビリーンのパラドックス」という話があります。次の小話から、私たちは、自分たちの「空気を読む特性」を痛いほど感じることができるはずです。

太陽が照り付ける8月のある日。アメリカ・テキサス州のある街で、一つの家族がくつろいでいた。一人がなんとなく、53マイル離れたアビリーンへの旅行を提案した。他のみんなは「面倒くさいなあ」と思いながらも、「もしかしたら面倒くさいと思っているのは自分だけで、みんなは旅行したいのかもしれない」と考え、誰も反対しなかった。アビリーンへの道のりはただ暑く、乾燥していて、不快極まりなかった。提案した人間を含めて、実は誰もがその旅行に乗り気ではなかったことを知ったのは、家に帰ってきてからだった。

これは、自分だけ意見が違うとそれぞれが勝手に思い込み、集団的な決定に対して、誰も異を唱えず、間違った方向に答えが向かってしまう現象です。災害時に、「みんな大丈夫そうだ。一人だけ騒いだら恥ずかしいから、私もじっとしておこう」なんて思考にみんなで陥ってしまっては、アビリーンのパラドックスのような「行きたくない旅に行った」だけではすみません。

「空気を読む」という行動が得意な私たちは、常に他人の目を気にするあまり、ときに自分の意思決定さえもそれに左右されてしまいます。「みんながいるから大丈夫」なのではなく、「みんながいるから危険な状況に陥る瞬間もある」ことを、自覚しながら生きていかなければなりません。

□「事なかれ主義」を逆手にとる

しかし、その一方で、この多数派同調性バイアスを逆手に取り、いい方向に働かせることもできます。

不思議なことに、みんなで一緒にいると安心したり、牽制をしたりしてしまいがちな私たちですが、**一人でも「ここは危険です！　逃げましょう！」と騒ぎながら走りさえすれば、それに同調し、ぞろぞろとみんな付いていくことも多い**のです。

顕著な例があります。東日本大震災が起こったとき、岩手県釜石市では、中学生たちが避難リーダーとなって、大人を巻き込みながら高台に逃げたのです。「中学生たちが、叫びながら高台に向かって走っていく姿を見て、避難を決めた」という大人も実際にいます。その行動に助けられた人も少なくはありません。

生きていくうえで、空気を読むという協調行動は非常に大切ですし、それでこそ人生うまくいくこともあるかもしれません。しかし、どうか災害時には、いい意味で「空気を読まない避難リーダー」になりましょう。

災害心理⑤
あきらめる病
「もういいよ。死ぬときは死ぬんだ」

ここまで述べてきた通り、人はさまざまな理由を付けて、災害について考えることを避けようとします。その中でも、今までのものと少し毛並みの違う思考があります。それは、とくにご年配の方々に多く見られる「あきらめる」という考え方です。

「あきらめる」の意味を辞書で調べると、「もう希望や見込みがないと思ってやめる」と出てきます。しっかりと備えれば、そのぶん助かる見込みが増えるのが防災です。それなのに、**見込みがないと思って断念してしまう人が多い**のです。

□ あきらめることは「正しい」?

私が東京の街中で防災インタビューをしたときも、多くのご年配の方々が「災害が起きたら起きたであきらめるよ」と回答していました。

人が陥りやすい心理⑤
あきらめる病

特徴

- 年配の方に特に多い心理
- 避難のときに足手まといになりたくない心情
- 災害発生時、他人を危険な状況に巻き込んでしまうこれは正常性バイアスの変化形ともいえるかもしれません。「自分はもう十分生きたから」と言う人もいました。「避難のときに足手まといになるから」と言う人もいました。さまざまな理由を並べることで、危険から目を逸らし、「あきらめることが正しい」と言い聞かせているように見えました。

そして、日本各地で行っている防災講演の際に、このインタビューの話をすると、会場にいるご年配の方々の頭が上下に揺れます。会場が毎回激しい共感に包まれます。

これは決して東京に限ったことではなく、**日本全国のご年配の方々にまつわる大きな問題**だったのです。

□あきらめたその先を想像してほしい

あきらめるのはその人の勝手なのかもしれません。私がとやかく言う筋合いはありません。しかし、あきらめたその先だけは想像してほしいと思います。

その人があきらめると何が起こるのか。近所の人が助けに来るはずです。家族の人が助けに来るはずです。つまり、**確実に周りの人間が巻き込まれる**のです。

人間は危機的状況に直面すると、「自分の命を投げ打ってでも他者を助けたい」という愛他行動に走りやすいといわれています。それが家族や友人、愛着ある地域の住民などであればなおさらのことです。

それに対して、**あきらめている人の意志が固かった場合、その場で押し問答が始まり、助けに来た人と一緒に避難の機会を逸してしまう**ことになります。

□日本の高齢者に「あきらめる病」が蔓延《まんえん》している

東日本大震災時、消防団の方が、あきらめると言って聞かないおばあちゃんの説得をしていたところ、やっと重い腰をあげてくれるまでに20分ほどかかったという話を聞きました。津波の到達まで40分~1時間しかない中だったので、二人とも無事であったことが何よりでした。

しかし、その一方で、避難しない人を助けに行って、そのまま戻って来なかった人もいたのが事実です。こういった説得があの日、たくさんの場所で行われていたと思うと、事前にもっと説得しておけなかったのかと、心苦しくなります。

「災害が起きたら起きたであきらめる」と思っているご年配の方々が日本中にたくさんいるこの現状を、もっと私たちは深刻に捉えなければなりません。

私は小中高で防災講演をする機会があるたびに、この話をします。それに加えて、「みんながもし、おじいちゃんおばあちゃんにあきらめるって言われたら、僕も巻き込むよ？　私絶対助けに行くよ？　巻き込んでもいいの？　と言ってね」と子どもたちに呼びかけています。

「孫を巻き込んでも、あきらめたいんだ」なんて思う人は、絶対にいないと信じたいですし、大切な人から災害と向き合おうと言われることで、勇気が出る人は多いはずです。子どもたちの一言で、あきらめないおばあちゃん、あきらめないおじいちゃんが増えていくことを願ってやみません。

そして、あきらめないと決めたことで、次のステップとして、いざ災害に直面してしまったときに、具体的にどう避難をするのか。近所の方や、家族の協力を仰ぎながら、しっかりと準備を進めていってほしいと願っています。

column 1

「非常口」が緑色なのはなぜ?

誰もが見覚えのある「非常口」の標識。人が走るポーズが印象的ですね。「非常口」の標識の背景、なぜ緑色なのか知っていますか？

「非常口」の標識の正式名称は「避難口誘導灯」です。火災や地震などの緊急時に安全に避難できるように、扉の上部に設置されていて、炎や煙で視界が悪くなったときや停電で周りが見えないときに活躍します。

このような用途で使われる誘導灯であるからこそ、緑色である最大の理由があります。

それは、緑色が赤色の補色だからです。

補色とは、色相環で一番反対にある色のことで、お互いの色を引き立て合う効果があります。そのため、赤色の炎が上がっている中でも、**緑色の非常口は目立つことができる**のです。

また、その一方で白色ベースの非常口に関する標識もあります。こちらの正式名称は「通路誘導灯」。緑色の非常口がどこにあるかを知らせるために、非常口までの経路を教えるものです。緑色じゃないのかと思われた方もいるかもしれませんが、この標識が白色ベースである理由もあります。それは、緑色の非常口がどこにあるのかを教える**矢印が緑色で強調されている**ためなのです。

なお、これらの非常口に関する標識の色や明るさについては、消防庁の「誘導灯及び誘導標識の基準」にて規定されており、緑色の中でもとくに効果のある緑色になっています。

避難するときに心強い存在ですね。

災害が起きる前に

第2章 災害に負けない空間を作る

防災心理を学んでも、家が崩れたら意味がない

災害が起きる前にできることとして次にあげるのは、「災害に負けない空間を作る」ということです。

私たちの多くは、日常の大半を「自宅」か「勤務先」で過ごしています。もし、その空間自体が危険を孕《はら》んでいたとしたら、それはあってはならないことです。

せっかく防災バッグを用意したところで、家具を固定していないことによって、大ケガをしてしまっては意味がありません。

それ以上に、**せっかく災害心理を学んだところで、家が地震に対して弱いことによって、家が崩れて下敷きになってしまっては意味がありません。**

自宅や勤務先が災害に負けない空間であるかどうかは、今後安心して暮らすためにも、非常に重要なポイントです。

□「家」と「備え」があれば自宅滞留ができる

また、**家がびくともしない頑丈なものであり、日常備蓄もしっかりあれば、避難所に行かずに自宅滞留をすることができる**というメリットも生まれます。

避難所生活はプライバシー面や衛生面などにおいて、非常にストレスが溜まる生活を強いられます。住み慣れた空間で、そのまま災害後も暮らせるのであれば、それに越したことはありません。

この章では「建物を強くする」「部屋を安全な空間にする」の2項目に分けて、災害に負けない空間を作るためのお話をしていきます。

しかし、一つの家具を固定して終わりというわけにはいかず、するべき対策はキリがありません。全部やろうとすると非常に気が遠くなる話ですので、コツコツでも構いません。寝室やリビングなど、大切な人や自分が居る時間の長い部屋から、防災力の高い空間にしていきましょう。

建物を強くする

どんなに強く家具を固定しても、家自体が崩れてしまったら、もちろん家具も崩れます。まずは、自宅の耐震強度がどうなっているかを知ることが大切です。

とくに、**1981年6月に施行された「新耐震基準」より前に建築されたものは、強い地震で簡単に崩れてしまう可能性が高いので、非常に危険**です。

国土交通省が2013年度に発表したデータによると、耐震性がないと判断された建造物は、全国に900万戸。これは建造物全体の18パーセントにあたり、約5戸につき1戸が耐震不十分ということになります。

家が壊れてしまうと、下敷きになり、自分や家族の命が取り返しのつかないことになってしまいます。単純計算ではありますが、900万世帯の家庭がその危険を抱えながら生活しているといえます。

さらに驚くべきこととして、学校や病院、百貨店など、多数の人が利用する一定規模の施設において、耐震性が足りないといわれている建造物が6万棟もあります。

多数の人が利用する場所である以上、真っ先に耐震補強を行うべきなのは明白にもかかわらず、施設の利用者の命を危険に晒《さら》しながら運営している施設が6万棟も全国にあるのは、とても恐ろしいことです。

□古い家でも「震度7」をしのぐ方法

仮に古い家だとしても、しっかりと構造用合板を壁に入れたり、柱の間に筋交《すじか》いを入れたりするだけで、大幅な免震をすることができ、震度7の地震にさえ耐えることができます。

最近は費用面を大きく抑えることができる「一室補強」というものもあります。家の中の一室だけを強くする補強工事ですが、それだけでも十分効果があるといわれています。**その部屋を中心に全壊を免れ、その部屋に駆け込むことで、生き抜ける可能性が大**

きく高まります。

また、耐震補強は、つい建造物自体に目が行きがちですが、たとえば自宅を囲むブロック塀や門などがあれば、そちらの補強も検討が必要です。

ブロック塀が大地震によって崩れると、地域住民の命に危険が及ぶかもしれません。もし家の前が小学校の通学路で、ブロック塀の強度が不十分だとしたら、これは極めて重大な責任といえます。フェンスや生垣などの違う素材に変えてしまうか、ブロック塀の補強をしておきましょう。

補強の値段は10万円から200万円くらいまであります。期間は2～3カ月を要するものが多いようですが、最近の技術であれば、**補強工事の内容によっては、そのまま住みながら工事を進めてもらうことも可能**です。自分の予算や事情に合わせた補強をしましょう。

各家庭における防災対策の中で、耐震補強は金銭的な負荷が一番大きいものです。しかし、気が進まない方も多いかと思いますが、**自治体によっては補助金が出ている**ところもありますので、場合によっては、それを受けることもできるかもしれません。まずは自分の住む町の自治体に相談し、耐震診断を一度受けてみてください。

なお、一般財団法人日本建築防災協会のホームページから「誰でもできるわが家の耐震診断」というものをダウンロードして、自分で耐震診断をすることもできます。

非常に簡単な設問なので、診断精度には欠けますが、建物の耐震性に関わるポイントがどこなのかを理解することができますし、入口としてはやさしいものになっています。

自治体に相談に行って耐震診断を受けることが「ハードル高いな……」と思う方は、まず、こちらから触れてみるのもいいかもしれません。

部屋の安全性を高める

建物自体の強化とあわせて重要なのは、各部屋を安全な空間にすることです。屋内にある家具や陶器、重たいもの、鋭利なものは、大地震のときに凶器と化します。「家具の固定」という言葉は、誰しもが学生の頃から何度となく聞かされてきたことでしょう。それだけ重要であるということに間違いありません。凶器たちが暴れ回らないように固定しましょう。

□ 家具の配置を見直す

ただ、固定よりも先に実践するべきことがあります。それは「**家具の配置を見直す**」ということです。

たとえば、**寝ているベッドに家具が倒れて来ないようにする**ことが非常に大切で、こ

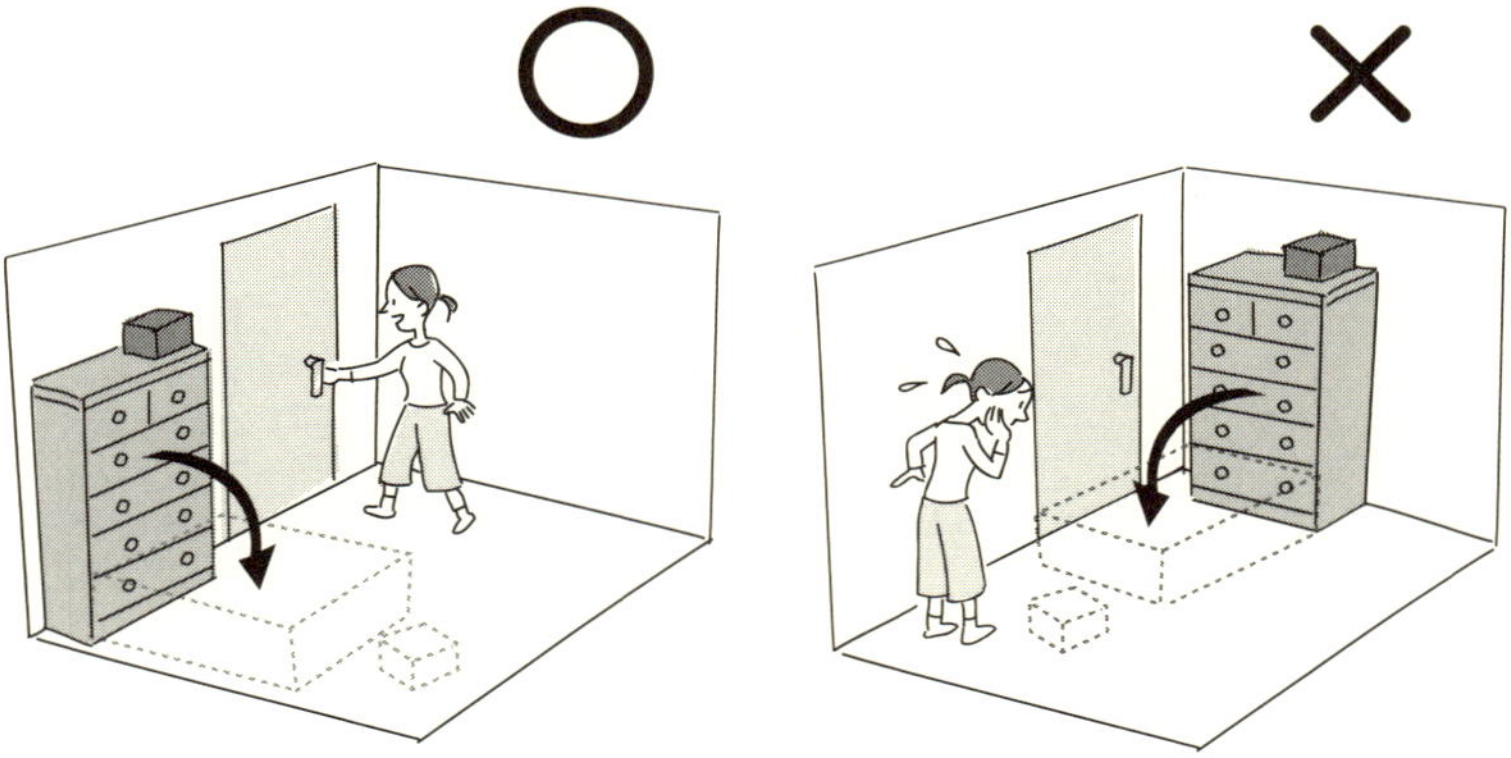

れは家具の倒れる向きを変えるだけでも意味があります。

また、もう1点、**避難動線上に倒れないようにすること**も大切です。たとえばドア付近に大きな家具を置いてしまうと、家具が転倒したときにドアをふさぎ、屋内に閉じ込められてしまうことも大いにありえます。自分に危険が及ばないように、避難経路を邪魔しないように、家具の配置を見直してください。

大きい家具を並べ替えることは面倒だと感じる人もいると思います。年末の大掃除や模様替えのタイミングでも構いませんし、気が向いたときでも構いません。コツコツと日常の掃除の中などで行っていきましょう。

□ 家具を固定する

そして、肝心な「家具の固定」です。もちろん家具によって固定の仕方はさまざまですが、基本的に**壁と家具を「L字金具」で接続してしまう方法が一番有効**です。それができない場合は粘着マットを下に敷き、突っ張り棒と組み合わせることで、揺れづらくすることができます。

なお、賃貸住宅であることなどを理由に、**ネジで穴を開けたくない場合は「タックフィット」「ガムロック」などと呼ばれる固定具もあります。**これは穴を開けずに壁と家具を接続することができる優れ物で、シールを貼るかのように、壁に家具を固定することができます。

テレビや冷蔵庫のようなネジで穴を開けられない家具は、ぜひこの固定具を活用して、壁に固定し、転倒の可能性を下げておきましょう。「薄型テレビ　タックフィット」「冷蔵庫　タックフィット」といったキーワードでインターネット検索をすると出てきます。

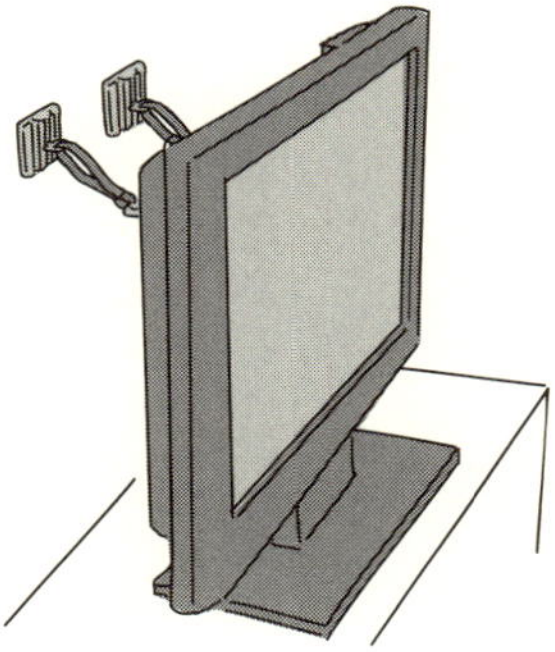

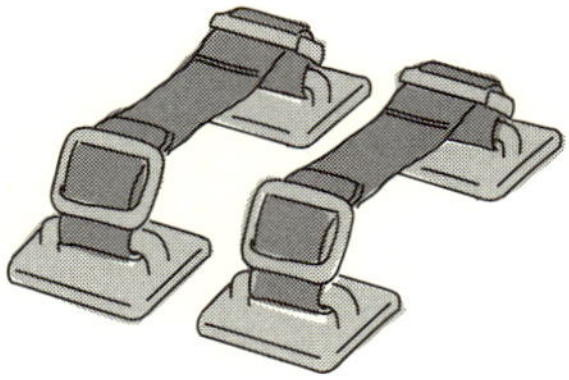

▲裏面が強い粘着剤で
壁や家電・家具に貼れる

ここからは、リビング、寝室、キッチン、オフィスと、注意すべきポイントをそれぞれのスペース別に分けてご紹介します。家具の配置を見直すことや固定することはもちろん、各部屋における特有の危険性について、理解を深めておくことも大切です。

防災対策をしておきたいと思った部屋から順番に取り組めば大丈夫です。安全性を確実に高めていきましょう。

□ その1　リビングスペース

リビングは家族が集まる場所であり、来客の対応場所でもあります。安全な空間にしましょう。また、避難動線を意識した配置を行うことも大切です。

①ソファやテーブルなどは、なるべく窓の近くに配置しないようにしましょう。

②窓は割れる可能性があります。ガラス飛散防止フィルムを貼りましょう。

③薄型テレビも大きな揺れで吹き飛んだ場合、非常に危険な凶器になります。タックフィットタイプの固定具などを用いて、確実に固定しましょう。

④ペンダント式の照明器具は、揺れることで天井にぶつかり、割れた蛍光灯が頭上に降りかかってくる危険があります。2～3箇所をチェーンなどで固定するか、吊り下げているコードの長さを短くしましょう。

⑤テーブルやイスなどスライドしやすいものは、凶器となって襲いかかってきます。脚の部分にすべり止めシールを貼りましょう。

④
②
③
⑤
①

□その2　睡眠スペース

寝室は睡眠時に利用する部屋であるため、無防備な状態で災害を受けることが一番想定される部屋となります。そういった点では他の部屋より優先的に、かつ安全性の高い空間にする必要があるといえます。

①ベッドがスライドすると非常に危険です。脚にすべり止めシールを貼りましょう。
②寝ている場所にタンスなどの家具が倒れて来ないように、再配置と固定をしましょう。
③時計や額縁などの小物もケガにつながりますので、落ちて来ないようにしておきましょう。
④窓ガラスが割れてベッドに飛び散ると、ケガをしますし、避難における初動も遅れます。ガラス飛散防止フィルムをしっかりと貼りましょう。
⑤メガネが何かの下敷きになり、割れてしまっては大変です。メガネを着用されている方は、ケースに入れてから寝るようにしましょう。

③
④
⑤
②
①

□ その3　キッチンスペース

キッチンスペースは、冷蔵庫のような重いもの、包丁のような鋭利なもの、コンロのような熱いものなど、さまざまな危険が詰め込まれた空間です。すぐに離れるべき空間ですので、避難動線にも注意して、防災対策をしましょう。

①冷蔵庫は家の中でもトップクラスの凶器です。タックフィットタイプの固定具などを複数使って、しっかりと固定しましょう。
②冷蔵庫のような高いところの上には、物を置かないようにしましょう。
③電子レンジなどの下にも耐震ジェルを敷き、すべりづらくしておきましょう。
④食器棚から食器などが飛び散ることも非常に危険です。棚板にはすべり止めシートを敷き、扉が勝手に開かないように開閉防止用の器具を取り付けましょう。
⑤キャスター式の家具はキャスター下皿を置きましょう。

④
③
②
①
⑤

□ その4　オフィススペース

オフィススペースは、自宅に比べて物の数が多いので、その数だけ危険があると考えられます。また、高層階の場合は、下層階に比べて揺れが大きくなる傾向があります。オフィス用品を確実に固定し、転倒・落下・移動のないようにしましょう。

①大型プリンターなどが動き回ると命を脅かす危険があります。キャスター式であれば下皿を置き、タックフィットタイプの固定具などを複数使って固定しましょう。
②棚を複数重ねている場合や横に連なっている場合は、金具で連結し、それらを壁と固定させましょう。
③重たいものはなるべく低い場所に入れ、各家具の重心を低くしておきましょう。
④オフィススペースは窓が多い空間であることが多いです。ガラス飛散防止フィルムを貼りましょう。
⑤パソコンはすべり止めシートを敷き、タックフィットタイプの固定具で固定しましょう。

④
②
③
①
⑤

「防災士」という資格を知っていますか？

防災士とは、防災に関する意識や一定の知識・技能を修得した人に与えられる民間資格です。日頃から社会の防災意識を高めたり、災害時にはリーダーとして**人々の精神的支柱になったりすることを期待されています。**平成28年６月30日までに合計112,600名の防災士が日本全国に生まれています。

資格を取得するためには次の３つの条件があり、クリアすると、特定非営利活動法人日本防災士機構から防災士として認証されます。

①日本防災士機構が認証した研修機関が実施する「特設会場において専門家講師の講義による12講座（１講座60分以上）以上の受講」及び「研修レポート等」の提出による研修カリキュラムを履修して「履修証明」を取得すること。
②前項研修講座の履修証明を取得した者は、日本防災士機構が実施する「防災士資格取得試験」を受験し、合格すること。
③全国の自治体、地域消防署、日本赤十字社等の公的機関、またはそれに準ずる団体が主催する「救急救命講習」を受け、その修了証を取得すること。

最近では、組織的に防災士の資格を取得する例も増えています。たとえば日本郵便株式会社は、約２万人の郵便局長を10年かけて全員防災士にすることを目標としています。

防災に関する知識や対応力を持つ人が日本全国に増えていくことは、この国全体の防災力に直結していきます。防災士の資格がその追い風となることを願うばかりです。

第3章

災害が起きる前に

大切な人とやってみよう!

災害が起きたときの「実践的な対策」を、大切な人と学ぶには？

この章では、大切な人とぜひ一緒にしてほしい実践的な対策をピックアップしました。項目ごとに性質は異なりますが、それぞれのアクションが、災害時、重要な役割を果たすことは間違いありません。

しかし、大切な人に一緒に「防災しようよ」と伝えたとき、あまり前向きではない反応をされ、その温度差に落ち込んでしまうこともあるでしょう。簡単に「いいね、防災しよう」となるくらいなら、「自分の街は大丈夫」問題なんて巻き起こるわけがありませんし、温度差は仕方のないことかもしれません。

□ 誘い方を工夫する

そういうときは、単純に「防災しようよ」という意見を押し通すのではなく、アミューズメント性のある防災体験館に誘ってみるなど、少し違った角度から、さまざまな誘い方をしてみることが非常に有効な手段です。

たとえば、私はいつも講演する際に、クイズを出すことを心がけています。とくに小中高生にクイズを出すときは「正解したらお菓子あげます」と言うと、みんな喜んで、一生懸命に正解を考えてくれます。

以前に制作した防災ドキュメンタリー映画『あの街に桜が咲けば』に関しても同じ考え方で、退屈だといわれがちな防災において、映像という角度による自分なりのアプローチ方法でした。

散歩がてら、コミュニケーションの一環としてなど、さまざまな角度から大切な人を巻き込み、防災力を高めていきましょう。

「日常備蓄」で食料と消耗品は安心

防災をするとなって、「家具の固定」と並んで真っ先にあがるのが、「非常食を買う」「非常水を買う」です。生き延びることができなければ、せっかく購入した食料も水も意味がありませんが、防災の入り口として、アクションを起こしやすい防災対策に違いありません。

また、備蓄があるだけで、普段の生活にも少なからず安心感も生まれるはずなので、災害に対して感じるストレスも和らげてくれるかもしれません。

これまでは、非常食などを備えるにあたり、日頃活用しないものを特別に準備する傾向があり、「うちの非常食、この前確認してみたら賞味期限切れちゃっていたんですよね」なんてこともよく耳にします。賞味期限を含めた管理や、備蓄品の購入の継続はなかなか難しいものです。

□ 食べながら備える「ローリングストック法」

そこで「日常備蓄」という考え方があります。**普段よく食べるものを多めにストックしておき、それを定期的に食べ、食べた分を補充しながら日常を過ごしているだけで、災害時にも活用する**ことができるというものです。

この方法は「ローリングストック法」と呼ばれています。ローリングストックを直訳すると、「回転させながら蓄えておく」というそのままの意味になりますが、日常でも、非日常でも、大活躍な方法です。

食べながら備えるわけなので、賞味期限が短いレトルト食品等も非常食として使えます。いわゆる非常食の象徴である缶詰や乾パンを、食べながら補充する形でも構いませんが、ローリングストック法であれば、さまざまな食材を非常食に置き換えることが可能ですので、自分や家族が純粋に好きな食品を選び、普段から使用と補充を少し多めに繰り返すことで立派な防災対策となります。

□ 実用品にも「ローリングストック法」が使える

また、**被災後に重宝しそうな実用品なども、ローリングストック法を活用して備蓄しておくと便利**です。こちらも多めに揃えた上で、補充しながら、使い回していきましょう。

たとえば、乳幼児・高齢者がいる家庭では、オムツや常備薬は必要不可欠です。とくに常備薬に関しては、災害の影響で手に入らなくなってしまえば、命に関わる問題に発展もしかねません。日頃から余分に手に入れておき、古いものから使い回しているだけで、いざというときに大きな助けとなることは確実です。

他にも、避難所生活を強いられるようなことがあれば、衛生面が問題になってきます。ボディーシートを普段から使うようであれば、常に多めにストックしておくと便利ですし、簡易トイレを備蓄しておくだけで、状況はだいぶいい方向に変わってくるはずです。

季節によっては、インフルエンザなど感染症が広がる恐れもあります。マスクを何ダースか備えておくことも、非常に大切です。

ローリングストック法

「災害用伝言ダイヤル」でスムーズに安否確認

災害時に大切な人の安否がわからないと、とてつもない不安に襲われます。その不安が悪影響となって、正常な判断で行動できなければ大きな問題ですし、相手がそうならないように「無事だよ」「あそこに逃げているよ」などと伝えることができれば一つの意味ある防災アクションです。

しかし、電話がつながりにくくなるのが、災害時です。電線が切れたり、電話回線が混み合ったり、さまざまなケースが考えられます。警察や消防、自衛隊や政府などのためにに電話回線を使わないようにするのが、モラルともされています。

阪神淡路大震災のときには、安否確認等の電話が全国から殺到し、なんと5日間も電話回線の利用がままならなかったそうです。

その阪神淡路大震災をきっかけに開発され、現在国内で重宝されているのが「災害用伝言ダイヤル」というサービスです。

□「171」で即座に安否確認ができる

災害用伝言ダイヤルとは、**大きな災害が国内で発生した際に開設される「声の伝言板」**のことを指します。被災地の電話番号をキーに、「171」という番号を使って、声を録音したり、その声を聴いたり、安否確認などを行うことができます。

次にあげる日時で、平時でも体験利用が可能です。「171」にさえ電話してしまえば、あとは音声ガイダンスに従うだけですので、操作も簡単です。ぜひ一度、ご家族などと使い方を確認してみてください。

・毎月1日と15日（0時〜24時）
・正月三が日（1月1日0時〜1月3日24時）
・防災週間（8月30日9時〜9月5日17時）
・防災とボランティア週間（1月15日9時〜1月21日17時）

この他、防災訓練などによって、エリア限定で一時的に開設される場合があります。

災害用伝言ダイヤルの使用方法

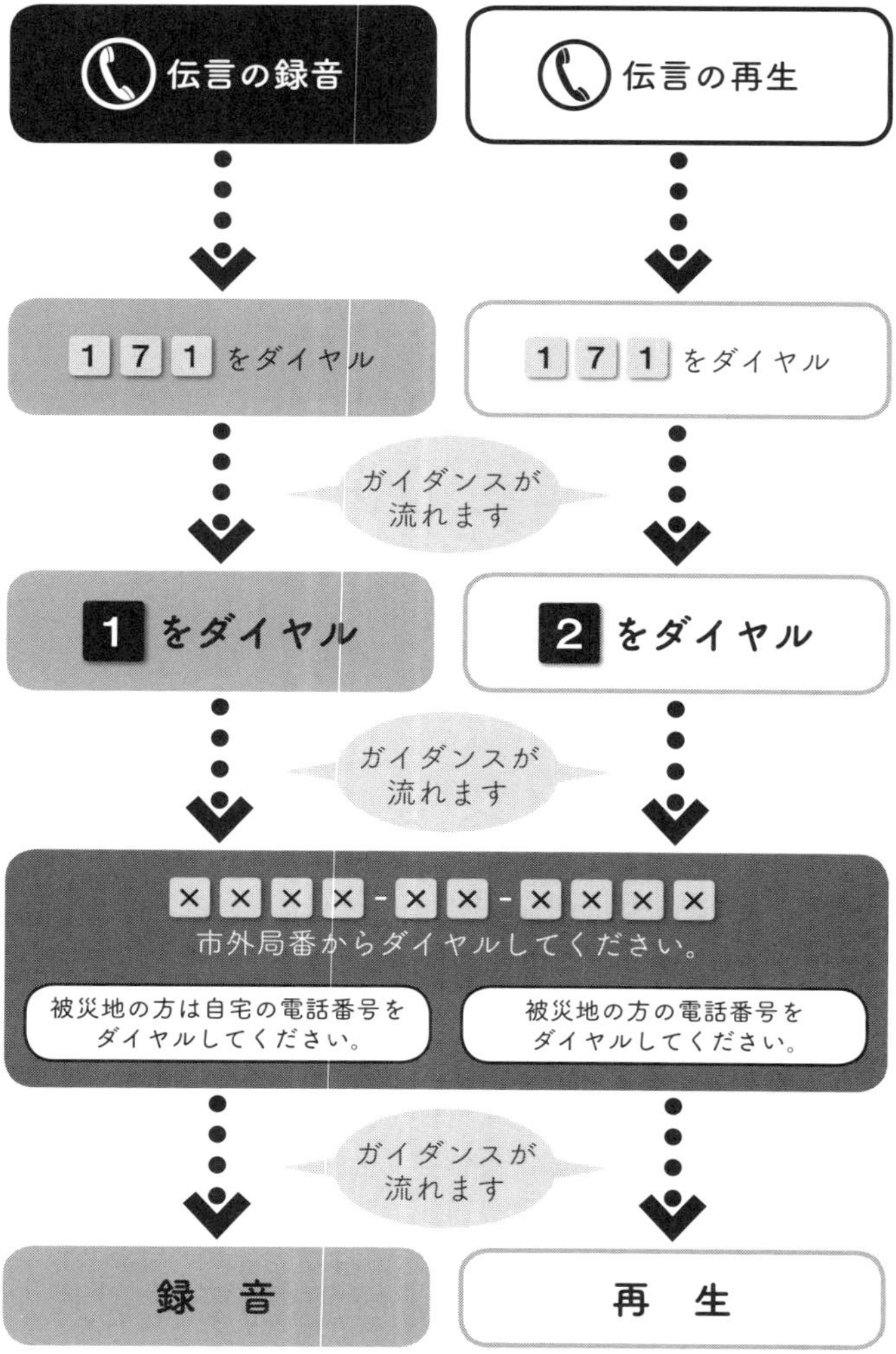

□「どのサービスで安否確認するのか」のチェックを

また、固定電話だけでなく、各携帯キャリアでも災害伝言版サービスが展開されていますし、最近では、ＳＮＳ（ソーシャルネットワーキングサービス）が災害時の心強い安否確認ツールとなっているところはあります。

家族や大切な人とメッセージグループを作っておくと、災害用伝言ダイヤルにあわせて、スムーズに連絡を取ることができます。

しかし、言い方を変えれば、昔よりも連絡を取り合う手段が氾濫している状況です。どのサービスを利用して安否を確認すればいいのか、相手がどのサービスからチェックするのか、上手く連携が取れない事態も十分起こり得るとも考えられます。

家族や大切な人と、**「自分たちはどのサービスを使って、連絡を取り合うのか」「どの連絡手段がダメだった場合、どの連絡手段を使うのか、優先順位はどうするのか」**などを普段から話し合い、使い方もそれぞれ把握しておくことが重要です。

覚えておこう「応急手当」

私たちは災害時のことを想像して話すとき、なぜか、**「死ぬか、無傷か」という極端な結末ばかりで物事を考えてしまいがち**です。

しかし、自分が負傷する可能性はもちろん、身の回りの人が負傷してしまうことも、大いにありえます。その上で、大きな災害であればあるほど、消防車も救急車もなかなか助けに来てくれません。阪神淡路大震災では、3万5000人が生き埋めになった中で、近隣の住民が救出した2万7000人の約8割が生き延びることができましたが、消防や自衛隊などが救出した8000人の約半数が亡くなってしまったといわれています。それだけ、災害直後の応急処置は重要なのです。

大切な人と一緒に応急手当の知識を持ち、緊急時に適切な行動を取れるようにしておきましょう。

間接圧迫止血法

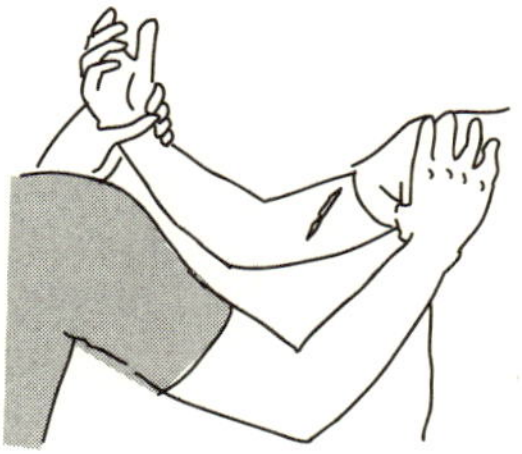

直接圧迫止血法

□ 出血しているとき

出血が多いと驚いて慌ててしまいがちですが、ただちに止血の手当てをしてください。**噴き出るような激しい出血でも、ほとんどの場合で「直接圧迫止血法」で止血できます。**

まず、他人の傷口を止血する場合は、感染予防のために、血液に触れないように自分の手をスーパーの袋などで覆ってください。そして、傷口を十分に押さえる大きさのガーゼやタオルを当て、その上から強く押さえてください。なお、傷口を心臓より高い位置に持っていくことで出血の量が減ります。

また、直接圧迫止血法の準備ができる前や使えない場合には、出血個所から心臓に近い動脈を、指で骨に向かって押さえる「間接圧迫止血法」も実践してください。

シーツなどで腕を吊る

副木を当てて
骨折部位を固定する

□ 骨折の恐れがあるとき

まず、骨折部位が動かないように固定して、病院に運ぶことが大切です。骨折部位に副木《そえぎ》（板、傘、杖、段ボールなど）を当て、骨折部位の上下をその場にあるシーツなどで固定します。強く固定し過ぎると血行障害を起こす場合があるので注意してください。

次に、骨折部位が動かないように、シーツなどで腕を吊ります。さらに可能であれば、胸部を固定しましょう。

□心肺停止の危険があるとき

まず、肩をやさしく叩きながら、大声で「大丈夫ですか?」と声をかけます。もし、目を開けるなど、何らかの応答や目的のある仕草があれば、応急処置をしてください。もし、反応がなければ、大声で周りの人に声をかけ、119番通報と、AED(自動体外式除細動器)を探して持ってくるように依頼します。

次に、呼吸の確認をします。もし、胸やお腹が動いていなければ、すぐに心臓マッサージや人工呼吸を行ってください。そして、AEDが到着次第、ただちにAEDを使用してください。

なお、**心肺停止から5分以内にAEDで除細動をすることができれば、傷病者の蘇生・社会復帰の確率を大きく高めることができます。**また、119番通報によって駆け付けた救急隊が処置した場合と、一般市民がその場ですぐにAEDを使った場合を比べると、傷病者の社会復帰率が2倍以上変わるという調査報告も出ています。AEDを速やかに使用することが重要です。

・心臓マッサージ

1．圧迫部位（胸の左右の真ん中、かつ上下の真ん中）を確認する

2．圧迫部位に一方の手のひらの手首際を当て、その手の上にもう一方の手を、指を重ねる形で置く

3．両ひじをまっすぐ伸ばし、肩が自分の手のひらの真上になるような姿勢を取る

4．1分間に100回のペースで、30回圧迫する

※　乳児の場合は指2本で行ってください。小児の場合は片手両手どちらでも構いません。

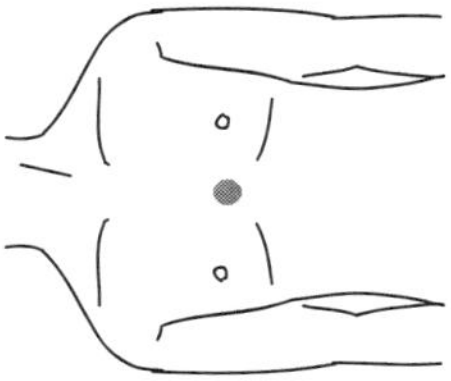

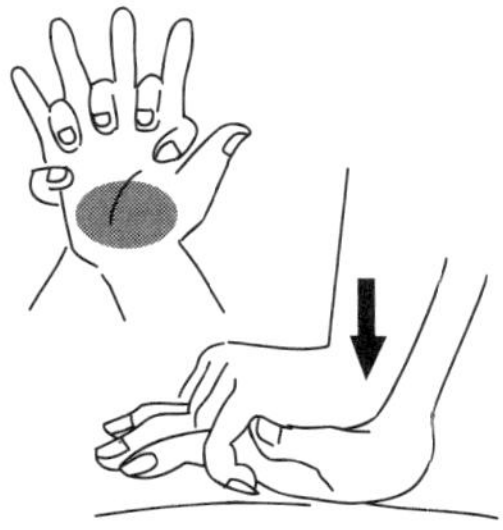

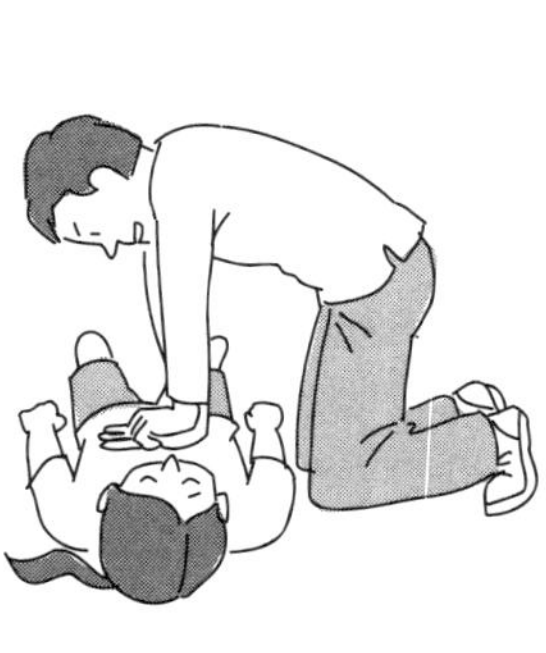

・人工呼吸

1. 気道の確保をする（片手を傷病者の額に置き、もう一方の手の人差し指と中指であごを支え、頭を後ろにのけぞらせる）
2. 息を2回吹き込む（額を押さえている手の親指と人差し指で鼻をつまんで、1秒ほど口の中に息を吹き込む。胸が持ち上がっているか確認しながら行う）

※ 人工呼吸を省略して、心臓マッサージだけ続けても構いません。ただし、窒息や溺れた場合、子どもの心停止時には人工呼吸の実施が望まれます。

※ 心臓マッサージ30回と人工呼吸2回の組み合わせ（30：2）を「心肺蘇生法」と呼びます。

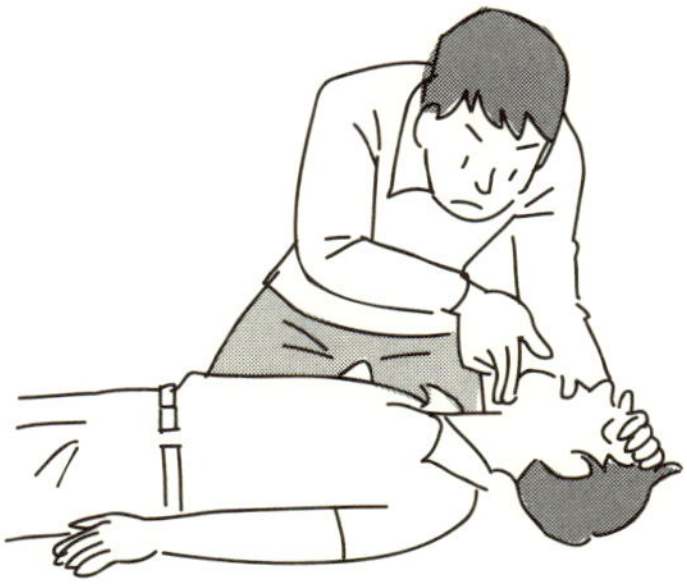

・AED（自動体外式除細動器）

1．箱を開けると（電源を入れると）音声ガイダンスが流れる。指示に従いながら、パッドを傷病者に装着する

2．自動的に傷病者の心電図を解析し、除細動の必要性を判断して、必要な処置を指示してくれる。それに従う

□ 倒壊家屋からの救出方法

まず、救出活動は一人ではなく、複数で行いましょう。挟まれている人に声をかけて安心感を与えながら、障害物を除去してください。その際には、余震や救出作業中の崩壊など二次災害に注意し、監視役も配置します。

もし、長時間重たいものによって下肢などが挟まれていた場合、血流を再開させることで心肺停止や急性腎不全などを引き起こすクラッシュシンドロームが起きる可能性もあるので、その危険があると感じたら、医師を探してください。

（その他注意事項）

- 倒壊家屋のガスの元栓や電気のブレーカーを探し、可能であれば切る
- いつ火災が起きるかわからないので消火器を近くに置く
- 鉄パイプなどを使い、テコの原理を利用して隙間を作る（その隙間に角材などを当て、隙間を広げていく）

●挟まれている人を無理に引っ張って出そうとしない

□ 熱中症や脱水症状を防ぐ

暑い季節の被災は身体にこたえます。めまいや吐き気、汗のかき方が普段と違う場合は熱中症や脱水症状の可能性があります。涼しい場所で、衣服をゆるめて、安静に寝かせてください。

また、吸収率が高い食塩水を作って、飲ませてください。そして、なるべく早く医師に診てもらいましょう。なお、食塩水の濃度は、水1リットルに対して食塩2グラムが好ましいです。親指・人差し指・中指の3本の指で3つまみ分が、2グラム前後になります。

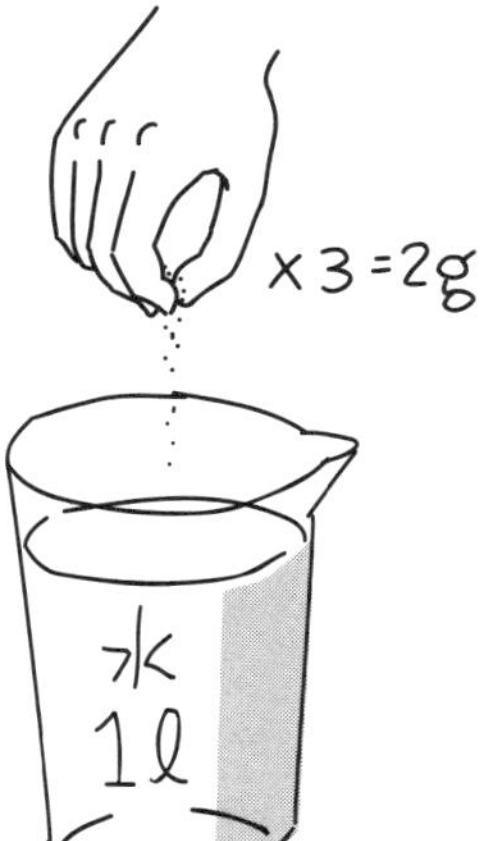

「防災マップ」を持って実際に歩こう

私たちに危険を知らせてくれる心強い味方として、「ハザードマップ」というものがあります。自然災害がどの地域にどんな被害をもたらすかを個別に予測し、災害の危険度を地図化したもので、洪水に関するものから、地震、津波、土砂災害危険個所など、さまざまなタイプがあります。

また、注意すべき災害危険箇所だけでなく、災害時の避難場所や防災関係施設の位置などまで盛り込まれた「防災マップ」と呼ばれるものもあります。

各家庭にさまざまなタイミングで配られているはずですが、役所などに行けばもらうことができます。それらを活用して、まず、自宅周りにどの程度危険な場所があるのか、避難所はどこにあるのかなどを確認してみてください。

□ いつもの通学路・通勤路をチェック

そして、私たちは、自宅周りを調べて、「自分の家は安全なんだ」と満足してしまうことが多いですが、自宅周りと同じくらい調べるべき場所があります。それは「通り道」です。

通学路、通勤路、よく行くスーパーまでの道のりなど、**普段自分や家族が日常的に使っている道が安全なのか**を確認することが非常に大切です。実際に防災マップ、ハザードマップを持参して、歩いてみてください。意外と「あっ。この道は危険だったんだ」「この道はハザードマップでは安全って書いてあるけど、強い災害来たら絶対危ないよね」など、いろいろな発見があるはずです。

そのうえで、たとえば、子どもの通学路に危険箇所および危険が予想できる場所があった場合に「雨の強い日はここの道が危ないから、こっちの道を通るんだよ。わかった？」と一声かけるだけで、もしかしたら、それがその子どもの命を救うことになるかもしれません。

□ 深夜に避難所まで歩く

また、深夜の時間帯に、自宅から避難所まで、実際に歩いてみることも大切です。**避難を強いられる瞬間は決して日中に限ったことではありません。**当たり前の話ですが、日中と深夜では、道の雰囲気も景色もまったく異なります。その道のりを一度体験してみましょう。ただし、夜は危ないので、一人では行わないことをお勧めします。家族がいなければ、友人などに協力してもらってください。

最近では、「防災ピクニック」という方法も話題になり始めています。親子で実際に防災マップを使ってウォーキングしたり、避難場所でお弁当の代わりに非常食を食べたり、楽しみながら防災について考えることができます。また、他の参加者と防災に関するいろんな話ができることも、大きな魅力の一つです。

ぜひ、お子様がいる方は防災ピクニックに積極的に参加してみましょう。仮に、自分の住んでいる市町村で開催されていなかった場合も、友人を誘って自主的に開催してみてもいいと思います。

家族で「防災体験館」へ行こう

先ほども述べた通り、防災に対して堅苦しいと思っている家族がいる場合、防災体験館に一緒に行ってみるのも有意義かもしれません。なぜなら、最近では、体感型アトラクションや映像シアターなど、**アミューズメント感のあるコンテンツが充実した防災体験館も増えてきた**からです。楽しみながら防災体験をすることができます。

ほとんどの防災体験館が公共施設のため、無料で利用できます。1年に数回は防災フェスティバルのようなイベントがあるところも多く、その内容によっては、屋台が立ち並び、ヒーローや大道芸のパフォーマンスが行われることもあります。そういった日程に合わせることで、休日のレジャー先候補として、選択肢に入れることも可能です。

□防災体験館には2種類ある

防災体験館には、国立および県立の単独に存在するタイプと、各市町村の消防本部・災害拠点施設・消防学校などの一角に併設しているタイプの2種類があります。やはり、国が運営している防災館などは規模も大きく、その存在自体に迫力があったりします。ただし、併設タイプのものは、単独タイプに比べて感動や学びが少ないかといったらそんなことはありません。

たとえば、富山県富山市にある「富山県広域消防防災センター」には、併設する形で、「四季防災館」という防災体験館があります。こちらは、「四季」をコンセプトとする防災啓発施設で、**春夏秋冬それぞれで富山県に起こり得る災害を体験することができます。**円柱のような施設において、二階フロアは四つに区切られ、四季を色使いによって大胆に演出しています。春ゾーンでは雪崩を見ることができたり、夏ゾーンでは15、30、45センチの水深の中を歩く流水体験ができたりなど、四季合わせて九つの体験コーナーがあります。

また、三重県度会《わたらい》郡には、**津波避難タワーをそのまま防災体験館にしている**「錦タワー」というものがあります。

高台への避難コースの確保が難しいこの地区のために建設されたこの塔は、円筒形の鉄筋コンクリート製で、緊急時には500人を収容可能です。そして、塔内は、この街の災害史や防災資料の展示を行い、防災意識啓発の機会を提供する場としても整備されているのです。

ここで一挙に紹介できないことが残念なほどに、全国各地にはさまざまな個性を放つ防災体験館があります。自分が住んでいる市や県に面白い防災体験館がないか調べてみることはもちろんのこと、家族や友人との旅行の際にも、旅先に防災体験館がないか、ぜひ調べてみましょう。

風雨災害体験

「四季防災館」外観

防災シアター

地震体験

写真提供：四季防災館

「地域」とつながる

自分や家族、友人の防災力を上げることはとても大事ですが、それと同時に、緊急時には、近隣の方との連携も非常に重要になってきます。

一番簡単にできる防災対策として、まずは「あいさつ」から始めましょう。あいさつは何よりも基本的なコミュニケーションであり、その人との信頼関係を作り上げる土台のようなものです。**日頃から近所の方々とあいさつを交わし、顔見知りになっておくだけでも、緊急時や避難生活時にスムーズに助け合うことができます。**

□「自主防災組織」に参加しよう

そして、国内には「自主防災組織」というものがあります。この組織は、各市町村の地域ごとに任意で結成され、防災の普及啓発、防災訓練、備蓄点検などの活動を行っています。自主防災組織が機能しているほど、その地域の災害対応力は心強く、いざというときの避難の呼びかけや救出、初期消火、避難所の運営において力が発揮されます。

しかし、自主防災組織が活動範囲としてカバーできている世帯の割合のことを、「自主防災組織活動カバー率」と呼びますが、「平成27年版防災白書」によれば、２０１４年４月１日時点で、全国の活動カバー率は80パーセント。まだ日本全国の20パーセントは補えていないのが現状です。都道府県によっては、50パーセントを下回ってしまっている県さえもあります。

自分の住んでいる地域に自主防災組織があるのか、役所や自治体などに連絡して調べてみましょう。そして、もしあれば、そういった方々が開催している防災訓練や消火訓練などに、勇気を出して参加してみましょう。

避難や消火活動の訓練をしておけることは、自分自身の防災力の向上につながりますし、自分の街における災害時のリーダーたちと知り合えることも、大きな意味があることに違いありません。

防災ゲームのススメ

「ふーー！　僕だんだん防災のこと覚えてきたよ！

凍りつかないように気を付けるし、自分の部屋が安全かもチェックしようと思う！」

「お前が一生懸命勉強してくれて嬉しいよ」

「あ、おじいちゃんやおばあちゃんにも、
あきらめたら僕も巻き込むよって伝えなきゃね！」

「そうだな。きっとパパから言うより、ギクってするだろう」

「でもさ、パパ。やっぱり、本の中にも書いてあったけど、大切な人が防災の話をちゃんと聞いてくれないことも、あるんだよね？」

「大切な人の防災への関心を高めたい。でも、なかなか伝わらない、そんな経験はパパもある。ただ、そういうときでもあきらめず、伝え方を変えていけばいい」

「伝え方を変える？」

「そう。たとえば、本に書いてあるように、防災体験館に行くのも一つの手だし、関心がない人に防災を伝える方法の一つとして、防災ゲームというものもある」

「ゲーム？　ゲームは僕も大好きだよ！」

「最近では色々なバリエーションのものが発売されていて、カードなんかを使って、ゲーム感覚で防災を学ぶことができるんだよ」

「へー！　ゲームを楽しみながら、防災の勉強ができるなんて、とってもステキだね！　僕もやってみたいな」

「よし。今度お友達も誘ってみんなでやってみよう。きっとみんなも楽しみながら防災に関心を持ってくれるはずだよ」

□クロスロード

文部科学省が大地震の被害軽減を目的に開発したカードゲーム形式の防災教育教材です。

遊び方はシンプルで、カードの設問に対して、それぞれがイエスかノーか主張し、それぞれの意見を聞く。これの繰り返しで進行するゲームです。しかし、この設問が非常に悩ましく、「家族同然のペットも避難所に連れていくか」「人数分揃っていない食料を配るか」など、意見が大きく分かれるジレンマ要素の強い設問が数多く掲載されています。

このゲームを通じて、自分とは異なる価値観を取り入れながら、より災害時のイメージをアクティブに膨らませることができます。

□防災すごろくゲーム

NPO法人プラス・アーツが開発した防災すごろくゲーム「GURAGURA TOWN」というものがあります。

このゲームは、街中でおつかいをしながらゴールを目指すすごろくです。ただし、グラグラタウンというだけあって、ときどき地震が起きます。そのたびに、アイテムカードを使いながら、災害時のトラブルを解決しなければなりません。

大人が子どもに付き添って行うゲームとして、とても優れたコンテンツです。

□防災トランプ

株式会社ウイングベースの代表取締役が主導して制作された防災トランプです。通常のルールに併せて、防災の話をすると有利なボーナスがもらえる仕組みが加えられたものになっています。雑談をしながらトランプをする機会もあると思いますが、それが防災の話にすり替わるなんて非常に画期的なアイデアです。

さりげなくみんなに聞いてほしい防災の話をすることもできますし、逆に自分の知らない知識をもらえる機会になるかもしれません。

災害が起きたときに

第4章 地震災害

私たちは地震大国に暮らしている

日本は世界有数の地震が頻繁に起きる国です。「大陸プレート」と呼ばれる岩盤が日本の真下に４枚もあり、それらが地震を引き起こしています。地球上の陸地の約４００分の１に過ぎない面積にもかかわらず、**日本やその周辺海域で起きる地震などのエネルギーは、地球全体の10分の1**といわれているほどです。

４枚の大陸プレートは重なり合い、それぞれの方向に動いています。それによって、大きくなったひずみやずれが、限界に来たときに、岩盤が破壊されることで、地震が起きます。

そして、そのひずみやずれは解消され、また、この一連の動きを繰り返すのです。大陸プレート間の境界線にひずみが生じて起こる地震は「海溝型地震」、大陸プレート自体にずれやひびが生じて起こる地震は「活断層型地震」と呼ばれています。

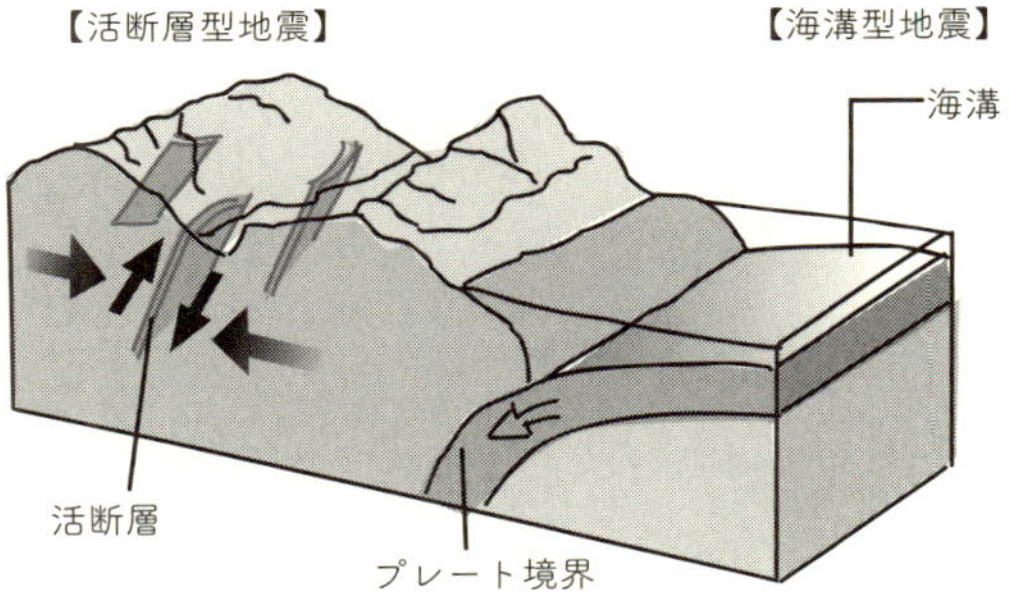

それぞれの大きさや発生間隔があり、関東大震災のような相模トラフ巨大地震は200年ほどの間隔、東海・南海の大地震も100〜150年ほどの間隔で起きています。

その一方で、1000年間隔や1万年間隔の活断層があるのも、また事実です。1995年に発生した阪神淡路大震災における活断層は、1000年前後の間隔で活動してきたのではないかといわれています。

驚くことに、**日本には2000層以上の活断層があります**。それに加えて、まだ私たちが認識できていない隠れた活断層もたくさんあるようです。つまり、いつどこで地震が起きても、少しも不思議ではありません。私たちは地震大国に暮らしているという自覚を持って生活するべきなのです。

□「マグニチュード」と「震度」は何が違う？

マグニチュードは地震のエネルギー自体を指し、震度は体感的な強弱を表したものです。マグニチュードはどの地域にいても値が同じであり、その一方で、震度は地域によって値が変わる、という違いがあります。

マグニチュードは、地震が発するエネルギーの大きさを対数で表した指標値です。マグニチュード7・8以上の地震が一般的に「巨大地震」と呼ばれ、マグニチュードは1・0上がるだけで、地震のエネルギーは30倍も増します。

一方、震度は、地表で感じられる揺れの強さを10段階に分けたものです。震度5と震度6はそれぞれ強と弱で分けられています。気象庁による震度観測は、人の体感に基づいて元々観測されていましたが、平成8年から震度計によるものに変わり、震度情報の速報体制が確立されました。

震度の体感と揺れ等の状況

震度	状況
震度0	人は揺れを感じない。
震度1	室内で静かにしている人の中には、揺れをわずかに感じる人がいる。
震度2	室内で静かにしている人の大半が、揺れを感じる。
震度3	室内にいる人のほとんどが、揺れを感じる。
震度4	ほとんどの人が驚く。 電灯などのつり下げ物は大きく揺れる。
震度5弱	大半の人が恐怖を覚え、物につかまりたいと感じる。 棚にある食器類や本が落ちることがある。 固定していない家具が移動することがあり、不安定なものは倒れることがある。
震度5強	物につかまらないと歩くことが難しい。 固定していない家具が倒れることがある。 補強されていないブロック塀が崩れることがある。
震度6弱	立っていることが困難になる。 壁のタイルや窓ガラスが破損、落下することがある。 耐震性の低い木造建物は、瓦が落下したり、建物が傾いたりすることがある。倒れるものもある。
震度6強	はわないと動くことができない。飛ばされることもある。 固定していない家具のほとんどが移動し、倒れるものが多くなる。 耐震性の低い木造建物は、傾くものや、倒れるものが多くなる。
震度7	耐震性の低い木造建物は、傾くものや、倒れるものがさらに多くなる。 耐震性の高い木造建物でも、まれに傾くことがある。 耐震性の低い鉄筋コンクリート造の建物では、倒れるものが多くなる。

国土交通省 気象庁『震度と揺れ等の状況（概要）』を元に作成

地震からどうやって身を守るか

巨大地震が起きたとき、あなたはどんな行動を取りますか？

私は被災地に関わり始めた頃、いざ大きな地震に遭遇した際に、どう行動したらいいかわからなかった経験があります。周りを見渡しても、被災地に想いを馳せ、支援活動をしている人でも、自分自身は防災対策をしていないという人があまりにも多いと感じます。

私たちは、他人の痛みに寄り添いながら、それと同時に自分の身の守り方を知っておく必要があります。

地震から身を守るためにできることはたくさんあります。技術の進歩により、多くの場合、緊急地震速報という私たちの心強い味方が、大きな揺れが来ることを数秒前までに教えてくれます。その数秒間の間に、どんな行動を取るかが重要です。自分が居る場所のシチュエーションによって具体的な方法は変わってきますが、どんな状況でも共通項として大切なポイントは、ぜひ押さえておきましょう。

□ ポイント1　頭部を守る

どんな場所に居ても、まず、第一に頭部を守ってください。腕を骨折しても、足を打撲しても、人は何とか生き抜くことはできますが、頭部の損傷は、命を落とす危険につながります。

たとえば、屋外に居たら、カバンなどを頭の上にかざす。スーパーの中に居たらカゴで頭を覆う。どんなものが落下してくるかわかりませんので、**頭部を死守することを徹底**してください。

□ ポイント2　可能であれば火の元を消す

緊急地震速報が鳴ったとき、「まだ揺れる前なら、可能であれば火を消しましょう」という話です。もし、調理中の場合は、キッチンは冷蔵庫や食器棚など凶器となるものが多い空間ですし、火傷の危険もありますので、すぐにその場を離れ、揺れが収まってから消しにいってください。

最近では、大揺れを感知すると自動的にガスの供給を遮断するガスマイコンメーターの設置が進んでいます。**決して無理はしないようにしましょう。**

□ ポイント3　ドアを開ける

これも「可能であれば」の範囲の話になります。大きな地震の場合、ひずみによってドアが開かなくなってしまうことがあります。**ドアに近いところにいた場合は、まず、ドアを開けた状態にしてから、適切な行動を取ってください。**また、トイレなどは比較的安全な空間だと言われています。しかし、トイレに入っていた場合も、ドアを開けるという行動は取ってください。

□ ポイント4　物がない場所に小移動する

頭部を守ることに並んで大切なのが、物がない場所に小移動するということです。家具類が転倒して来て下敷きになったり、コピー機が動いて突撃して来たり、ガラスが飛び散って降りかかってきたり、さまざまなことが考えられます。どんな場所に居たとしても、**物が「倒れて来ない」「移動して来ない」「落ちて来ない」**という三つの条件を満たす場所に移動して、頭部を守りましょう。

□ ポイント5　外出先での退避法も知る

・路上

手荷物などで頭部を守り、広場に移動しましょう。繁華街ではガラスや看板などの落下物に、住宅街ではブロック塀などの倒壊に注意してください。また、自動販売機の転倒などにも十分に注意を払いましょう。

・車の運転中

急ブレーキは事故の元です。徐々にスピードを落として、道路の隅に止めてエンジンを切ってください。揺れが収まるまでは車内で待機。ラジオなどで情報収集の後、もし、車を離れる場合は、緊急車両などの邪魔にならない駐車場や広いスペースまで車を動かしてから、行動に移りましょう。

・エレベーター

最近のエレベーターは地震の揺れを感知すると自動的に最寄りの階に停止するので、そこで降りてください。自動で停止しない場合もあるので、その場合はすぐにすべての階のボタンを押して、止まったところで降りてください。

・劇場やホール

座席の間にうずくまり、カバンや衣類で頭部を守ってください。また、頭上に大きな照明などがある場合には、周りに声をかけながらその場を避けてください。揺れが収まったら係員の指示に従って移動しましょう。

・地下街

地下街は比較的安全な構造になっています。慌てて外に逃げず、頭部を守りながら、大きな柱や壁に身を寄せてください。揺れが収まったら地上を目指してください。火災が発生した場合は、衣類などで鼻と口を覆い、体の姿勢を低く保った状態で移動しましょう。

火災にも注意する

火災は日常的にも起きうるものです。もちろん地震の際にも十分に注意しなければなりません。

まず、**住宅用消火器を自宅に備える**ようにしましょう。使い方を家族で共有し、キッチンの近くや玄関の隅に置いておくことをお勧めします。

そして、防災マップによっては、街中のどこに消火器が設置してあるか、赤い点などで示している場合があります。自宅近所のどこに消火器が設置されているのかを確認しておくことも決して無駄ではありません。

消火器の使い方

1．安全ピンを抜く

2. ホース（ノズル）を火元に向ける
3. レバーを強く握って噴射する

消火のコツ

1. 自分の安全を考え、逃げ口を背にして消火する
2. 立ちのぼる炎や煙に惑わされず、火元を消すように噴射する
3. 再び燃え出すこともあるので、念のため水をかけて完全に消す

また、地震直後はガス漏れが起きている場合があります。そんな中でライターなどを使ってしまうと、ガスに引火して爆発す

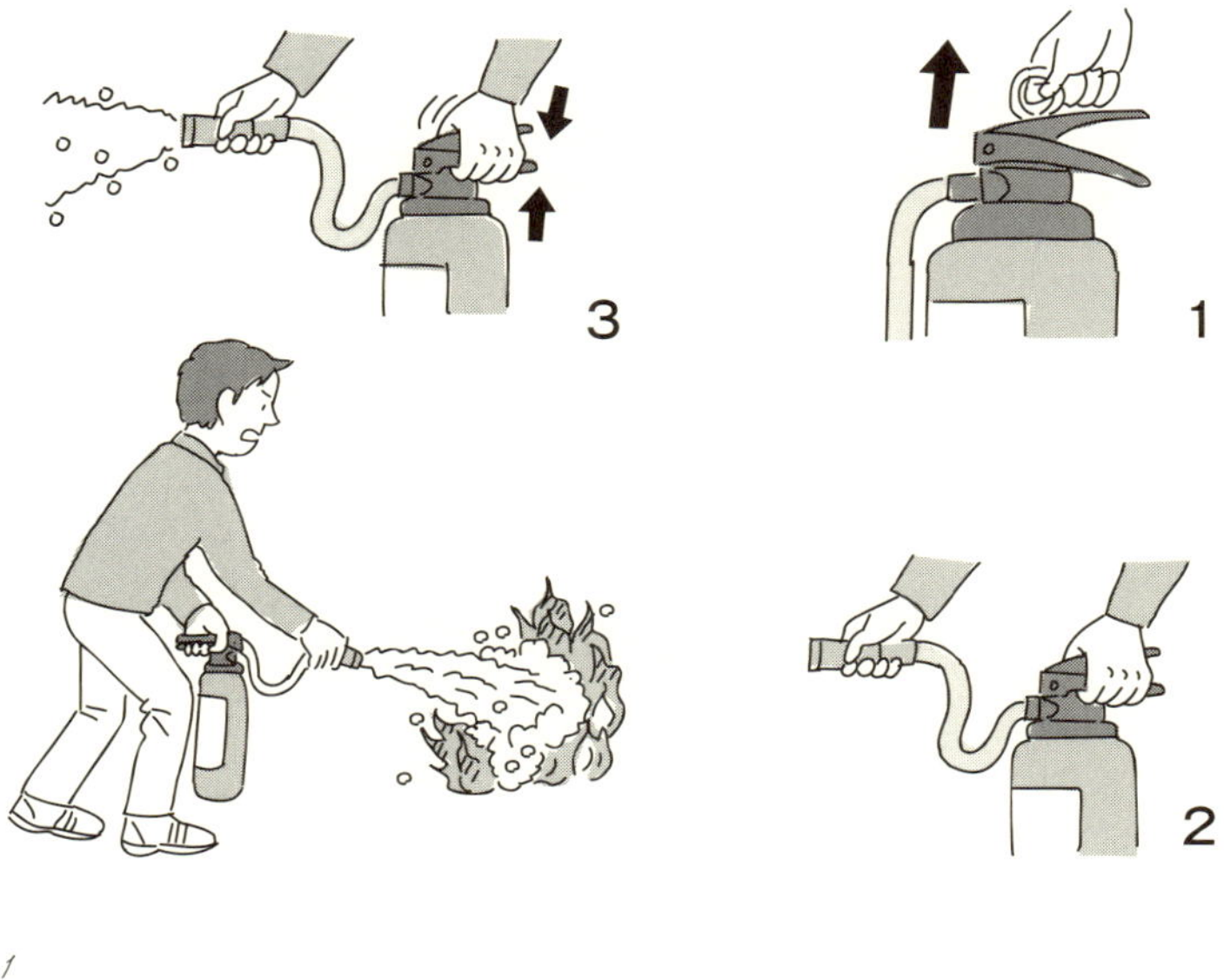

る危険があります。火はなるべく使わないようにしましょう。

他にも、通電火災というものがあります。**通電火災は、大規模な地震などに伴う停電が、復旧した際に発生する火災**です。電化製品が倒れていたり、電気配線が破損していたり、さまざまな事由によって火が付いてしまうものです。

１９９５年に発生した阪神淡路大震災では、原因が特定された建物火災の６割が、通電火災によるものだったといわれています。地震直後や避難時に、必ずブレーカーを落とすようにすることが重要です。

そして、何よりも、もし火災の現場に居合わせてしまった場合、どんな行動を取ることが適切なのかを知っておく必要があります。主に３つのステップがあります。

□ 第1ステップ　知らせる

まず、一番大切なのは**「知らせる」**行動です。**「このくらいのボヤなら自分で消せる」「ボヤで騒いだら恥ずかしい」なんてことは絶対に思わない**でください。それでももし他の人を巻き込んでしまったら、取り返しのつかないことになります。「逃げてもらうため」「援護してもらうため」「119番に電話してもらうため」、さまざまな意味を込めて「知らせる」行動を取ってください。

□ 第2ステップ　初期消火

次に取る行動は、**「初期消火」**です。火が横に広がっているうちはまだ消火が可能ですので、急いで鎮火に努めましょう。なお、消火器や水だけでなく、クッションや毛布などで火を叩く行為も有効です。

もし近くに消火活動を手伝ってくれそうな人がいた場合は、具体的に指示を出して援護してもらいましょう。

□ 第3ステップ　早く逃げる

最後のステップは「**早く逃げる**」です。天井まで燃え広がってしまった場合、もう消火は困難です。無理せずに逃げてください。その際にも、周りに向かって「**知らせる**」行動は取り続けてください。

また、**火災で恐ろしいのは「煙」です。**火災で発生する煙には、一酸化炭素などの有毒ガスが含まれています。吸い込むと死に至る危険性があるので、避難時には注意が必要です。

自然火災が多いアメリカでは、子ども向けの火災予防プログラムが積極的に導入されており、煙が充満した場所での動き方、自分の服についた火の消し方など、子ども一人ひとりが緊迫した状況の中でも、生き延びるための知恵を授けているようです。

日本の防災教育においても、避難訓練とともに、火災予防プログラムを取り入れるのは一つ、日本の防災力を上げていく中で、有効な手段かもしれません。

□煙の中を避難するには？

まず、ぬらしたタオルやハンカチなどで、口や鼻を覆いましょう。無理な場合は、ネクタイや衣類でも構いません。

続いて、視界が良好な場合は、短い距離なら息を止め、一気に走り抜けます。

煙が充満した室内では慌ててしまいがちですが、地面の底には空気が残っていることが多くあります。落ち着いて、地面をなめるように移動しましょう。

column 3

「防災の日」と「津波防災の日」

日本には９月１日に「防災の日」が制定されています。1960年に内閣の閣議了解によって生まれたこの日は、台風、津波、地震などの災害について認識を深め、それらの災害に対処する心構えを準備することが目的として定められています。

そして、「防災の日」を含む１週間（８月30日から９月５日まで）が「防災週間」と位置づけられ、全国各地で防災に関するイベントが行われています。

なぜ防災の日が９月１日なのかという由来に関してはいくつか説はありますが、一番影響を与えたといわれているのが、1923年９月１日に発生し、10万人以上の死者や行方不明者を出した「関東大震災」です。

この時期は台風の接近・上陸が多いこともあり、より防災について考えるべき時期だという意図が伝わってきます。

また、2011年には新しく、11月５日に「津波防災の日」が制定されました。これは1854年11月５日に発生した安政南海地震に由来しています。

この地震によってたくさんの街を大津波が襲いましたが、和歌山県広村では、庄屋・浜口梧陵が収穫されたばかりの稲わらに火をつけて、暗闇の中で逃げ遅れていた人たちを高台に避難させ命を救った「稲むらの火」という逸話が残っています。

そして、この11月５日は、国際連合で2015年12月22日に行われた本会議で、**193カ国満場一致で「世界津波の日」に定められ、津波の脅威と対策への国際的な意識向上が期待される世界的な記念日になりました。**

災害が起きたときに

第5章 津波災害

「想定」を超える災害にどう立ち向かうか

海底で起きた地震が原因で、海水が陸地に押し寄せてできる波のことを津波といいます。低頻度の災害ではありますが、一度発生すると甚大な人的被害を巻き起こします。たとえば、１７０７年に発生した宝永地震（南海トラフ巨大地震）では、伊豆半島から九州地方、瀬戸内海まで津波が到達し、２万人を超える人が犠牲になりました。また、１７７１年には、沖縄県で八重山地震が起き、大津波によって１万２０００人もの方が犠牲になりました。この他にも、津波に関する悲しい歴史は、数多く記録として残されています。

そして、私たちの記憶に新しい津波災害といえば、２０１１年の東北地方太平洋沖地震です。国内では戦後最大の２万人を超える人的被害を出してしまいました。岩手県宮古市では40・5メートルもの高さの津波を記録し、宮城県の北上川では川沿いを50キロもさかのぼったことが確認されています。

津波は広範囲に渡って街を破壊します。しかし、強い地震の発生直後に、**海や川から可能な限り離れる行動によって、多くの命を守ることができます。**

□「逃げ方」を決める

東北の三陸地方では、「**津波てんでんこ**」という言葉が広く伝わっています。この言葉は、古くから伝わっている言い伝えだと勘違いされがちですが、実は1990年に行われた「全国沿岸市町村津波サミット」以降に流行した、歴史の浅い標語です。

「津波てんでんこ」の解釈としては、「津波が来たら、取る物も取らず、家族にも構わずに、各自てんでんばらばらに一人で高台へと逃げろ」という意味です。

しかし、この標語の意図としては、「他人を置き去りにしてでも逃げよう」ということではなく、あらかじめ互いの行動をきちんと話し合っておくことで、「**離れ離れになった家族を探したり、とっさの判断に迷ったりして逃げ遅れることのないようにしよ**

う」というところにあります。

場所によっては、地震発生後10分もしないで津波が到達すると想定されているところもあります。普段からお互いがお互いに生き抜く方法を話し合っておく、そして、お互いを信頼して、全力で生き抜く。そういった準備と心持ちが重要になります。

□災害は「想定」を超えてくる

また、一つ重要な視点として、津波に対して「想定」という言葉があります。日本には世界屈指のハードインフラ技術により、たくさんの津波に対する構造物が設置してあります。津波を湾口で防ぐ「湾口防波堤」、河口で防ぐ「水門」、沖合で防ぐ「防波堤」、沿岸陸上部で防ぐ「防潮堤」など、さまざまな種類があります。これらは津波の力を低下させる力を持ち、私たちの心強い味方です。

しかし、**災害は「想定」を超える規模で、しばしば襲来してくる**ということを、私たちは肝に銘じなければなりません。

岩手県釜石市には「世界最大水深の防波堤」としてギネスブックに掲載されていた釜

石港湾口防波堤というものがありました。これは非常に屈強なものでしたが、大津波はそれらを決壊させ、**「世界一の防波堤があるから大丈夫だ」と安心して逃げなかった大勢の人たちをのみ込んでしまいました。**

この防波堤は6分間に渡って、津波の到達を遅らせることができたと試算されています。その6分間のおかげで助かった命もあるはずなので、決してハードインフラも無駄ではなく、一人ひとりの防災意識など、ソフト側との融合的な対策が今後重要になってきます。

東日本大震災以降、津波ハザードマップに関しても、見直しや新規作成が求められています。自分の街の津波ハザードマップに関しても、古いものであれ、新しく作成されたものであれ、それ以上の津波が来ることも想定しながら、「この避難場所って危ないかもね」「時間の許す限り海から離れた避難場所目指そうよ」というふうに、避難について改めて、検討し直してみてはいかがでしょうか。

津波からどうやって身を守るか

津波から身を守る方法は、**海や川などの津波が到達する可能性が考えられる場所からとにかく「離れる」**という実にシンプルなものです。

それでも、毎回たくさんの犠牲者が出てしまうのは、他の災害に比べて、危険が迫っていることがその瞬間までわかりづらく、「大丈夫だろう」という災害心理が働いてしまいやすいことに大きな原因があります。

そういった精神的な部分も含めて、私たちは津波に対して正しい知識を持ち、さまざまな点に注意しながら避難しなければなりません。大きな地震が起き、津波の可能性が危ぶまれるときは、次の各ポイントを押さえながら、とにかく速やかに、時間が許す限り、海や川から離れることを心がけてください。

□ ポイント1 「遠く」よりも「高く」

日本国内には、海から数キロ先まで平地が続き、高台がない場所や、何らかの地形事情で避難が難しい場所があります。また、すでに津波が湾口に到達している場合など、高台まで避難する時間がないときもあります。そういった際には、むやみに**「遠く」に逃げるよりも、「高く」に逃げる**ことを意識してください。鉄筋コンクリート造の建物の、できるだけ高い階（5階以上）が望ましいといわれています。ただ、その場合でも、できるだけ海岸から離れた建物を探してください。

日本規格協会

なお、緊急避難施設として「津波避難ビル」というものが選定されている街もあります。2016年には、高知県室戸市にて全国初となる「津波避難シェルター」が完成しました。自分がいる街に津波避難ビルはあるのか。あるとすればどこにあるのか。**標識を含めて事前にチェックしておきましょう。**

□ ポイント2　地震の揺れに慣れない

「このくらいの揺れなら大丈夫だよ」なんて自分の物差しで判断してしまう人がいます。しかし、過去には震度3にもかかわらず、大きな津波が押し寄せたケースもありますし、**海外で大きな地震があった場合は、まったく揺れは感じないにもかかわらず、津波が到達することもあります。**地震の揺れに慣れず、冷静な判断を心がけましょう。

□ ポイント3　車は使わない

原則として、車は使わないようにしましょう。車で避難をしようとする人たちで渋滞を巻き起こし、車ごと津波にのみ込まれる危険性などがあります。

もし、車に乗っているときに、災害に巻き込まれた場合は、**緊急車両の邪魔にならないように、明らかに道路から外れたところに車を止めて、自分の足で走って逃げる**ようにしてください。律儀に道路に縦列駐車をしながら逃げていくと、後続車がそれを渋滞と勘違いして、助かったかもしれない人がたくさん犠牲になってしまうことも考えられます。

□ ポイント4　「津波注意報」でも甘く見ない

1メートル以上の津波が来る場合は「津波警報」が発令されます。それに比べ「津波注意報」は20センチ～1メートルとなっていて、つい甘く見てしまいがちです。

しかし、仮にそれが50センチ程度の小さな津波だったとしても、海水浴場を襲えば、子どもは簡単にのみ込まれてしまいますし、大人でも危険の可能性は十分にあります。**地震があった際には、津波注意報や津波警報を確認して、海から離れることを徹底**してください。

知っておきたい津波の基本知識

津波は他の災害に比べて、特殊な性質を持ち合わせています。避難方法なども大切ではありますが、生き延びるための知恵として、津波に関する知識を持っておくに越したことはありません。どんな危険があるのか、理解を深めておきましょう。

□ 津波は何回も来る

津波は第1波、第2波、第3波と何度も襲ってきます。沿岸部での入射や反射の影響で何波もの津波が発生するのですが、問題は時間の間隔です。

1968年に発生した十勝沖地震では、八戸港に一日に渡って30分間隔で津波が到達し続けたといわれています。その一方で、**数時間たって、ふと気の抜けた頃に次の波が来ることもあるのです。**

それに加えて、第1波より第2波、第3波により大きな津波が来ることもあります。**いったん避難をしたら、避難解除の情報が出るまで、低所に戻らない**ことが重要です。

□潮が引くとは限らない

津波の前に必ず引き波が生じて、波が引くと思われがちですが、必ずしもそうとは限りません。引き潮がない状態でいきなり津波が襲ってくることもあります。

第1波が押し波になるか、引き波になるかは震源直上の海底の動きによるといわれています。**「前兆の引き潮を確認してから逃げよう」という判断では危険**ですので、強い揺れの後は速やかに海から逃げてください。

□津波は川をさかのぼる

津波は川をさかのぼって、川沿いのものを破壊し、**場合によっては、何十キロも内陸深くまで侵入することがあります。**

1854年安政南海地震のときには、地震から約2時間後に津波が大阪湾に達し、大阪市域内の川をさかのぼり、340人の死者を出しました。**津波警報が出ている間は、どれだけ内陸であっても、河川には近付かない**ようにしてください。

□「津波火災」が起こりうる

「火」と「水」という普通は相容《あいい》れない二つですが、**津波に誘発されて火災が発生することは実は珍しいことではありません。**

1993年北海道南西沖地震で津波に襲われた奥尻島では、192棟の家が焼失。2011年の東日本大震災時にも各地で火災が相次ぎ、地震の発生から1カ月の間に東北地方で津波が原因とみられる火災は400件弱も発生したといわれています。

最近の日本は、輸出業もより盛んになりました。港にたくさんのコンビナートを携え、石油タンクのような危険物が並び、昔以上に津波火災の危険を潜在させているといえます。火の存在も念頭に入れておきましょう。

アフリカの青年

私は仕事で海外に赴くことが多くあります。ウガンダ共和国という国では、防災における驚くような経験をしました。

アフリカ東部に位置するこの国は、アフリカの真珠と呼ばれ、草木が生い茂り、大自然に包まれています。しかし、地震がまったく起きない土地であるため、津波の危険性に関しては皆無に等しい場所です。

そんなウガンダ共和国の南西部にある山奥で、ホームスクールの運営支援を行っており、運営自体は現地の人たちに任せているのですが、メンテナンスやヒアリングなどのために定期的に訪れています。

一見、関係のないアフリカの話をなぜここに書いているか。実は、何気ない日の昼下がり、現地のアフリカ人青年との間にこんな一幕があったのです。

「ねえ、日本って大きな津波が来て大変だったんでしょ?」

「そうだよ。たくさんの人が亡くなったんだ」

「それは辛かったね。……**ところで津波って何?**」

私は、ハッとしました。それと同時に、ただでさえ基礎的な教育がなかなか行き届かない国で、自分の土地に縁もゆかりもない災害のことなんて、知るわけもないかと思いました。

東日本大震災が発生したとき、数多くの海外の方々が支援やエールを届けてくださいました。しかし果たして、どのくらいの人が津波のことをちゃんと理解していたのでしょうか。

「え？　地震で地面が揺れると、その後に津波が来るの？　どういうこと？　意味がわからないよ」

インドネシアを訪れた際には、こんな話を聞いたことがあります。

２００４年のスマトラ島沖地震が起きたとき、大きな揺れの後、海潮が引き、大量の魚が陸に干上がりました。**そこに「神のお恵みだ」と言って大勢の民衆がその魚を取りに行ってしまい、そして波にのまれたのです。**痛ましい限りですが、このようなケースは少なくないといわれています。

津波が起こるとき、その前後で引き潮も起きます。ただ、引き潮が来ずに、第1波が来ることもあるので、そこは気を付けなければなりません。しかし、そういった知識がなければ、たちまち死と隣り合わせになってしまいます。

これは日本でも同じことがいえるわけで、知らないことが多ければ多いほど、どう行動していいのかわからず、自分や周りの人の命を危険にさらしてしまいます。防災と教育は、切っても切り離せないほどに深く結び付いているのです。

昨今、ウガンダ人の多くが携帯電話を手にするようになってきました。水や電気がまならない山奥で、携帯電話だけは持っているから不思議です。

今後、一層にグローバル化が進み、近い将来に「津波って何？」と言っていたような人々が、災害が起きる国に行くことも、住むことも、大いにありうると考えています。そのときに、災害に対する知識がまったくないことほど怖いものはありません。

私もウガンダ共和国に通う中で、微々たる範囲ではありますが、何かしらの災害における知識を彼らとお互いに共有し合いたいと考えています。

災害が起きたときに

第6章 風水害

風水害は身近に潜んでいる

その名の通り、風や雨によって巻き起こる「風水害」。実は、**風水害によって犠牲になった人の割合は、他の自然災害に比べて一番多い**のが現状です（※東日本大震災を除く）。

『平成27年版防災白書』に掲載されている「自然災害における死者・行方不明者内訳」（左頁参照）によれば、その数はなんと全体の50パーセントにものぼります。

それだけ風水害というものは日本にとって、身近な災害の一つなのです。

□ 日本は世界トップクラスの多雨国

日本は梅雨前線や台風などにより、たくさんの雨が降ります。年間平均降水量は１７１４ミリ。これは世界平均の９７３ミリに比べて2倍近い数となります。世界第４位の多雨国ともいわれており、世界トップクラスの「雨がよく降る国」ということがわかります。

とくに台風に関しては、年平均26個の台風が国内に上陸しています。上陸すれば、暴風雨によって、川の氾濫や、低地部の冠水が巻き起こります。集中豪雨によって都市部のライフラインが破壊されたり、地下室に大量の水が流れ込むことで犠牲者が出てしまったり、さまざまな形でも被害が発生しています。

【平成10年〜平成25年における自然災害による死者・行方不明者内訳】

風水害　１０８３名　50％

地震・津波　１１７名　６％

雪害　９０８名　42％

その他　48名　２％

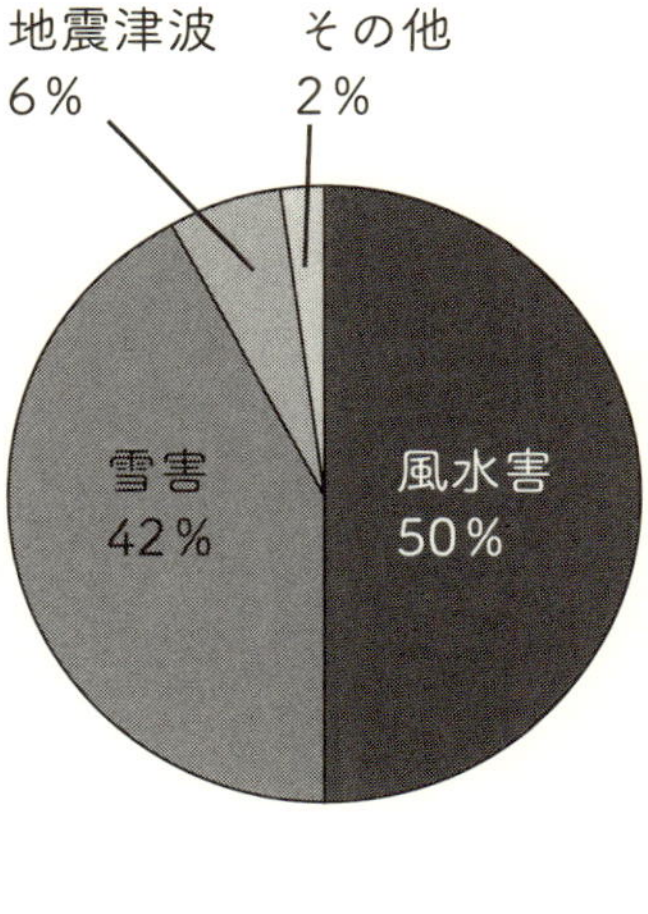

また、近年ではフィリピンのレイテ島を中心に1万人近い死者を出した大型台風ヨランダが記憶に新しいところです。今後あの規模の台風が日本に直撃しないとは言い切れません。

1828年には、シーボルトと呼ばれる大型台風が日本に上陸し、死者が2万人以上出たという記録が残っています。技術などの進歩によって、当時よりも確実に災害に強いインフラが整っているとはいえ、**シーボルト規模の台風が上陸すれば、甚大な被害となることは免れません。**

□雨が降ると土砂災害の危険も高まる

そして、土砂災害の危険も忘れてはいけません。土砂災害とは、山やがけの土砂（土や砂、石など）が崩れたり、崩れた土砂が雨水や河川と混じって家や道路を襲ったり、多くの人命を奪う自然災害です。全国各地、至るところが危険箇所に指定されています。

風水害に対して、自分が住んでいる街のどこが危険なのか、ハザードマップなどを利用してしっかりと確認しておくことが重要になります。

ただし、**ハザードマップの想定を大きく超える災害も年々増えてきました。**注意情報が出る前でも十分ですので、早めの避難を心がけましょう。

大雨からどうやって身を守るか

すでに述べた通り、日本は世界的な多雨国です。その中でも、「台風」には、常に注意を払わなければなりません。

台風とは、北西太平洋や南シナ海に存在する熱帯低気圧が、ある一定の数値まで強くなったものを指します。夏から秋にかけて発生しやすく、非常に強い雨と風を運びながら、日本を通過していきます。

大雨から身を守るためには、大前提として、**とにかく雨に対して見くびった姿勢を取らない**ことが重要です。

「普段から雨なんてよく降ってるじゃない」「雨には慣れているよ」などとは決して思わず、危険な場所には徹底的に近付かないようにしてください。

そして、激しい雨が長時間に渡って続いたときなどはとくに危険です。どんな場所に、どんな災害が起こりうるのか、しっかりと理解しておきましょう。

□ 河川部×氾濫

河川部は氾濫の可能性があります。氾濫とは、洪水など河川が満ちあふれてしまうことを指しますが、**最悪の場合は決壊です。**堤防が壊れ、大量の河水が津波のように街に押し寄せます。

2015年9月9日から9月11日にかけて降り続けた「平成27年9月関東・東北豪雨」では、一級河川・鬼怒川の決壊を始め、全国85河川で決壊や氾濫、堤防の欠損が発生しました。岩

手県から香川県まで1都19県で、約24万人の避難指示、約315万人の避難勧告が発令されるほどの大きな災害となりました。今後とも日本各地において、川のあるところは注意が必要不可欠です。

□ 海抜0メートル地帯×高潮

海岸に近い海抜0メートルの場所は、高潮によって大きな被害を受ける場合があります。高潮とは、台風の気圧低下によって強風が吹き寄せ、海面が上昇する現象です。

1959年9月26日に発生した伊勢湾台風では、高潮によって水没する街が続出。三重県と愛知県を中心に合計5000人以上もの犠牲者が出ました。この歴史に残る大災害が示すように、**海水が街に流れ込んだら大惨事は必至です。**海には近付かないようにしてください。

□ 地下部×冠水

道路より低い土地にある建物や地下室は、豪雨が流れ込み、避難が難しくなる場合が

あります。

過去には実際に福岡や東京などで、地下階から逃げ遅れた方が亡くなるような災害も起きています。雨の勢いが強いときにそういったスペースに降りないように気を付けてください。

また、そういった場所が自宅にある場合は、浸水に備えて止水板や土のうを活用して、水が流れ込まないように対策をしましょう。

□平野部×竜巻

平野部は竜巻が起こりやすい地形となっており、他の場所以上に注意が必要です。

竜巻とは、発達した積乱雲の強い上昇気流によって発生する激しい空気のうず巻きです。**電柱や木々を折り、家を破損させる力を持っている非常に危険なものです。**人がまともに直撃されてしまえば、ひとたまりもありません。

竜巻が接近してきたときには、「空が急に暗くなる」「気圧の変化で耳に異常を感じる」「飛散物が筒状に舞い上がる」などの変化があります。竜巻注意情報が出たら、次のように適切な行動を取って、安全な場所に避難しましょう。

屋内
・窓とカーテンを閉める
・建物のなるべく中心部、窓のない部屋に移動する
・地下室や最下階に移動する

屋外
・近くの頑丈な建物に避難する
・車の中や倉庫などには逃げない
・近くに頑丈な建物がない場合は、物陰に身を伏せ、両腕で頭と首を守る

□ 山間部×土砂災害

山間部への集中豪雨により、山のふもとの扇状地などで、土砂災害が発生する危険があります。

また、丘陵を切り崩して作られた造成地も、地質が不安定なので、豪雨による地盤のゆるみには注意が必要です。次のページから詳しく述べていきます。

土砂災害からどうやって身を守るか

日本列島は約7割が山地であり、地質も非常に脆弱《ぜいじゃく》です。

国土交通省が発表したデータによると、「**土砂災害危険箇所**」**は、国内に約52万5000箇所もあります**。世界第4位の多雨国であることも相まって、毎年平均して1000件を超える土砂災害が発生しています。

土砂災害の大きな特徴として、突発的に発生するということがいえます。他の風水害であれば、水位が徐々に上がったり、洪水が徐々に拡大したり、目に見えてこれからどうなるのかだいたいのイメージが付きますが、土砂災害は他の風水害と比べて、不意を打たれやすい災害なのです。

最近では、2013年に39人の方が亡くなってしまった東京都大島町、2014年に

74名の方が亡くなってしまった広島県広島市など、非常に大きな土砂災害が続けて発生していますし、小規模なものも含め、不幸にも毎年、犠牲者を出してしまっています。

□ 悔やまれる広島の土砂災害

私は広島土砂災害が起きる直前に、防災講演に3度お呼びいただき、広島県の広島市や呉市にて、土砂災害の危険についてお話をする機会がありました。

しかし、出口で来場者の一人の中年男性に、「広島は災害の少ない県だからねぇ」と笑みを浮かべながら言われたことが、今も強く印象に残っています。何度も述べている「自分の街は大丈夫」問題です。その男性が被害にあったのか、無事だったのか、今となっては知るすべはなく、無事を祈るばかりです。

広島県は確かに地震があまり起こらない県とはいわれています。しかし、その一方で、土砂災害危険箇所は47都道府県で圧倒的に多い県となっています。災害の少ない県だなんて決していえないはずなのです。

他の県を見ても、危険箇所が1万個所以上ある県は22県もあります。土砂災害の危険がまったくない県などなく、いつどこで起きてもおかしくない災害の一つなのです。

土砂災害から身を守るためには、**とにかく早めに安全な場所に避難すること**が第一です。経験をしたことがないほどの激しい雨が、長時間に渡って続いていた場合などは、速やかに危険箇所から避難をしてください。もし、避難する余

都道府県別土砂災害危険箇所数

第1位	広島県	3万1987
第2位	島根県	2万2296
第3位	山口県	2万2248
第4位	兵庫県	2万 748
第5位	大分県	1万9640
第6位	和歌山県	1万8487
第7位	高知県	1万8112
第8位	愛知県	1万7783
第9位	長崎県	1万6231
第10位	三重県	1万6206

裕がない場合は、鉄筋コンクリートなどの丈夫な建物の2階以上、山の斜面とは反対側に位置する空間に移動しましょう。

また、**前兆現象をしっかり知っておく**ということも、非常に大切です。土砂災害は突発的に発生するものではありますが、発生前に前兆現象がみられることがあります。前兆現象は最終警告のようなものです。そのサインを逃さないようにしましょう。

なお、土砂災害には、主に「がけ崩れ」「地すべり」「土石流」の3種類がありますが、例年被害の半数以上は、がけ崩れによるものです。

□ がけ崩れ

地中に染み込んだ雨水が、土の抵抗力を弱

がけ崩れ

め、やわらかくなった斜面が急に崩れ落ちる現象です。人の住む家の近くでも突然起きるので、逃げ遅れて犠牲になる人も非常に多くなっています。

主な前兆：小石がパラパラと落ちてくる。斜面に亀裂や変形がある。斜面にふくらみが見えるなど。

□ 地すべり

地盤がゆるい土地が、地下水の影響と重力で、そのまま下にずれ落ちる現象です。これが起きると広い範囲の家や道路に被害が出ます。一度ずれ落ち始めると止めることは困難なので、避難が必要となります。

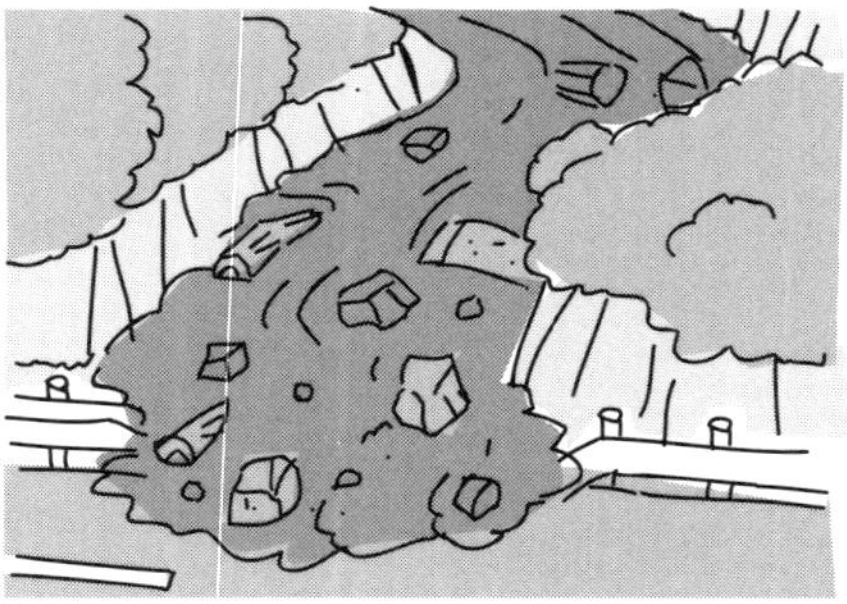

地すべり

主な前兆：樹木や電柱が傾く。木の根が切れるような音がする。がけや斜面から水がふき出すなど。

□ 土石流

長い雨や集中豪雨によって、山腹の土砂や石が一気に下方に流れ落ちる現象です。勢いが強く、進行方向にあるものを次々とのみ込んでいきます。

主な前兆：川の水が濁って流木が混ざったりする。岩の流れる音がする。雨が降り続いているのに水位が下がるなど。

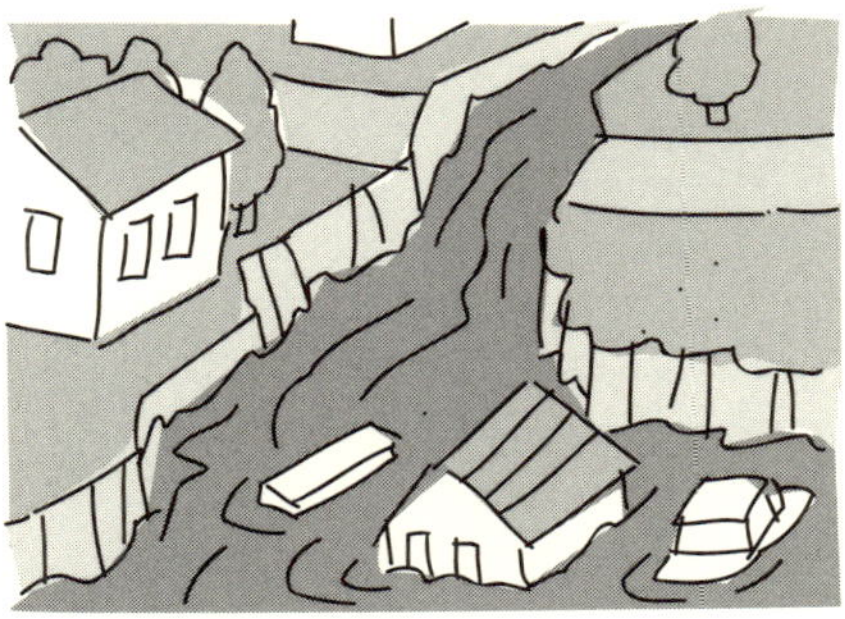

土石流

危険が迫る前に避難する

風水害における避難について、各市町村や気象庁などが出す避難情報を取得することも大切です。ホームページやラジオ、防災無線などから情報を入手しましょう。「避難勧告」が出てから、避難の準備を始めるようでは間に合いません。**「避難準備情報」が出たときには、今後深刻な状況が起きる可能性があるんだなと、危機感を持って行動しましょう。**

また、避難情報とは別に「記録的短時間大雨情報」というものもあります。これは長崎県長崎市を中心に1982年7月に発生した「長崎大水害」をきっかけに作られたものです。死者・行方不明者299名を出してしまった大水害では、避難などにおける情報伝達の課題が浮き彫りになったといわれています。この記録的短時間大雨情報が発令されたときは大事が起きている証拠です。こちらも頭の片隅に覚えておきましょう。

□ 避難に関する3つの情報

避難準備情報	人的被害が発生する可能性が高まった状態で発令。要救護者の方はこのタイミングで避難を開始してください。
▼	
避難勧告	人的被害発生の可能性が明らかに高まった状態で発令。できればこの避難勧告が出る前には避難を開始してください。
▼	
避難指示	人的被害発生の危険が非常に高い場合、また人的被害が既に出てしまった場合に発令。この時点では住民は確実に避難を完了し、万が一逃げ遅れた場合は生命を守る最低限の行動をとってください。

なお、残念なことに、各市町村による避難勧告は、手遅れのタイミングになってから発令されることが多々あります。

内閣府が2015年に発行した「避難勧告等に関するアンケート調査結果（最終版）」によれば、災害が実際に発生してしまったケースにおいて、避難勧告または避難指示を、災害発生前後どちらに発令したかの割合は、だいたい半々くらいとなっています。

つまり、単純計算ではありますが、2回に1回の確率で、災害が実際に起きてから「避難してください」と言われてしまうような実態があるのです。決して「**避難勧告が発令されない＝避難しなくていい」というわけではない**ことを、私たちは心に刻んでおかねばなりません。

なぜ発令しなかったのかというところで、各市町村から「夜中の発令を渋ってしまった」という声を聞くことは多いです。夜中に発令してそれが空振りだった場合を考えると、確かに決断に踏み出せない気持ちはわかります。しかし、このアンケート調査結果には、興味深いデータも残っています。

災害発生前に発令した場合と、災害発生後に発令した場合、発令したが空振りだった場合、どれを取って見ても、市民から「苦情があった」の割合に大きな差がない結果が出ているのです。各市町村の自治体の皆さまには、空振りを繰り返すことはよくないですが、どんな判断をしても苦情が来るならば、発令すべきときは恐れずに発令してほしいと思います。

最後に、避難時に気を付けるべきポイントをまとめました。「早めに避難すること」が一番徹するべきことではありますが、「安全に避難すること」も非常に大切です。参考にしてみてください。

□ ポイント1　動きやすい服装で

ヘルメットで頭を擁護し、靴は「運動靴」で避難してください。長靴で避難する人が多いですが、浸水地域において、もし水が入ると重たくなり、避難に差し支えます。また、長靴やサンダルはすぐに脱げてしまうので、濁った水の中に何が落ちているかわからない以上、非常に危険です。

□ ポイント2　単独行動は避ける

単独で避難しないように、家族や近隣の方と避難しましょう。子どもや高齢者の避難には、みんなで協力し、安全を確保してください。はぐれないようにロープで結んで避難ができれば、なお安全性が高まります。

□ ポイント3　近隣の方への避難の呼びかけ

避難勧告などの情報を知らない家庭もあるかもしれません。命に関わることですので、その状況が深刻であればあるほど、近隣の方への声かけは積極的に行ってください。

□ ポイント4　浸水箇所の歩行は50センチ

歩行可能な水深は50センチ。水の流れが速い場

合、水深20センチ程度でも大変危険です。そういった場合は、無理をして避難所へは向かわず、自宅や近所の頑丈な建物の最上フロアなどへ緊急避難をしてください。

□ ポイント5　土石流に直面したときの逃げ方

土石流のスピードは時速20～40キロと非常に速く、流れに背を向けて逃げても、簡単に追いつかれてしまいます。突発的な出来事でつい同じ進行方向に逃げてしまいがちですが、**土砂の流れる方向に対して「直角」に走って逃げる**ようにしてください。

column 5

避難することは恥ずかしくない

どんな災害においても、「避難」をすることが大切です。しかし、なかなか避難する判断に踏み切れず、「まだ大丈夫」「まだ大丈夫」と思ってしまう人は多いようです。

私が東京の街中で防災意識におけるインタビューを繰り返していたとき、「**どうせ空振りなのに、一人だけ大げさな行動を取るのは恥ずかしいので**」「**何度も地震が起きて津波来ないと、空振り慣れというか、今度も大丈夫だろうって思っちゃいますね**」などと言う方々がいました。

私は空振り慣れについて考えるとき、いつもイソップ寓話の「オオカミ少年」を思い出します。オオカミが来たと何度も嘘をつく少年。次第に村人たちは「またか」と取り合わなくなります。本当にオオカミが来たときには手遅れ。みんなオオカミに食べられてしまいます。嘘という点では筋違いかもしれませんが、空振りを日頃から繰り返し、どんどん薄まっていく私たちの危機意識に、この物語が問いかけてくるものはある気がします。

しかし、空振り慣れしてしまっている人が多い一方で、岩手県陸前高田市に住むある漁師の家庭で育った男性が、こんなことを私に話してくれたことがあります。

「俺はガキの頃からじいちゃんに、地震が起きたら、小さい地震でもいいから高いところに逃げろ、１００回地震が起きたら１００回逃げろ、弱虫だって笑われてもいいから、それでも逃げろ、ってずっと言われながら育ってきた。それを俺も子どもに伝えてきた。できれば日本中の人にも、避難することは恥ずかしいことじゃないんだよって伝えたい」

彼は東日本大震災が起こったとき、海際にあった家は流されてしまったものの、しっかりと家族や親戚を高台に速やかに避難させ、全員を守り切りました。

避難の空振りをすればするほど、「前回も空振りだったし今回はいいか」なんていう自分の判断基準で避難しない人が出てきます。そんなときは、ぜひこの言葉を思い出してください。

とはいえ、確かに避難の空振りは、正直なところ、私も少し恥ずかしさを覚えます。しかし、自分の子どもや家族さえ守れない大人の方がよっぽど恥ずかしいです。「聞くは一時の恥、聞かぬは一生の恥」ということわざがありますが、考え方としては、それに近いものがあります。**一時の恥ずかしさを惜しんで、一生の後悔を背負うくらいなら、小さな揺れでも100回逃げる**ことを私も実践していきたいと強く思います。

ただ、「どうしても恥ずかしい！」「避難所は嫌だ！」なんて人もいると思います。そういった場合は、高台や上階の方に住んでいる複数の友人に、事前に防災の話題を出し、危なそうなときは遊びにいかせてと頼んでおくなど、少し工夫した避難の仕方を考えておいてもよいかもしれません。

災害が起きたときに

第7章 火山災害

日本は世界有数の火山国

日本は世界有数の火山国です。

噴火可能性がある火山のことを活火山と呼びます。火山噴火予知連絡会は、「概ね過去1万年以内に噴火した火山及び現在活発な噴気活動のある火山」を活火山の定義としています。これに基づけば、**日本には110山の活火山があり、その数は世界第2位と**もいわれています。

とはいえ、近くに活火山がない場所で暮らしている人にとっては、世界第2位という数字を見ても、あまりピンとこないかもしれません。

実際、全国各地を講演で回っているときにも、火山の話も混ぜて話すと、「火山の話は必要なかったんじゃないですか？」というような指摘を受けることもあります。

しかし、近年約150年の間だけでも、火山による国内の死者・行方不明者は、1000人を超えるほどのものになっていますし、活火山110山の内、50山においては、今後百年程度の中長期的な噴火の可能性及び社会的影響を踏まえ、「火山防災のために監視・観測体制の充実等の必要がある火山」として選定されています。

□ 近年の火山災害

・1958年6月24日　阿蘇山

熊本県にある阿蘇山は、世界最大級のカルデラ（火山活動によって生じた凹地）を持つ活火山です。

近年でもたびたび火山ガスなどで犠牲者が出ていますが、1958年の噴火では噴石でロープウェイ作業員を中心に12人が命を落としてしまいました。

・1991年6月3日　雲仙普賢岳

長崎県島原半島にある雲仙普賢岳が約200年ぶりに噴火し、火砕流によって約5キロ先の住宅390戸が焼失、43名もの人が犠牲となりました。
なお、200年前の雲仙普賢岳の噴火では1万5000人の犠牲者が出た記録が残っています。

・2014年9月27日　御嶽山

長野県と岐阜県の県境にある御嶽山が噴火し、63人もの方が帰らぬ人となりました。登山の人気スポットだったこと、紅葉のシーズンだったこと、噴石からの防護を目的としたシェルターがなかったことなど、さまざまな要因が相まって、火山噴火における戦後最大の犠牲者数が出てしまいました。

登山を趣味としている人や、家族で山登りに出かける人も多くいると思います。親戚や友人まで範囲を広げて考えれば、まったく登山に関わることがない人も逆に珍しいかもしれません。

そして、何よりも火山による災害は広範囲に危険が伴うこともあるので、決して火山における災害を、自分に関係ないことだと思ってはいけません。
せめて、最低限の知識を持っておきたいところです。

火山が巻き起こす災害

火山災害には、山の周り特有の危険もあれば、遠い場所まで被害が及ぶようなものまであります。実にさまざまな形の災害が潜んでいます。火山が巻き起こす災害は、大きく3つのタイプに分けることができます。

□火砕物による災害

まず、「火砕物《かさいぶつ》」による災害が考えられます。火口から放出される噴出物のことを火砕物と呼び、さまざまな大きさがあります。

その中でも、直径2ミリ以下のものは、火山灰に分類されます。この火山灰は100キロ先など、非常に広い範囲にまで届きます。吸い込むと呼吸困難に陥る可能性もあって危ないですし、火山灰は水を吸うことでとても重くなるので、豪雨などと組み合わさった場合、一気に土砂災害の危険性も増すので、注意が必要です。

また、直径2ミリ~64ミリのものを火山礫《れき》、直径64ミリ以上のものを火山岩塊といいます。50ミリのものは4キロ、10ミリのものは10キロも先まで風に乗って飛ぶといわれていますので、**頭上には非常に注意が必要です。**

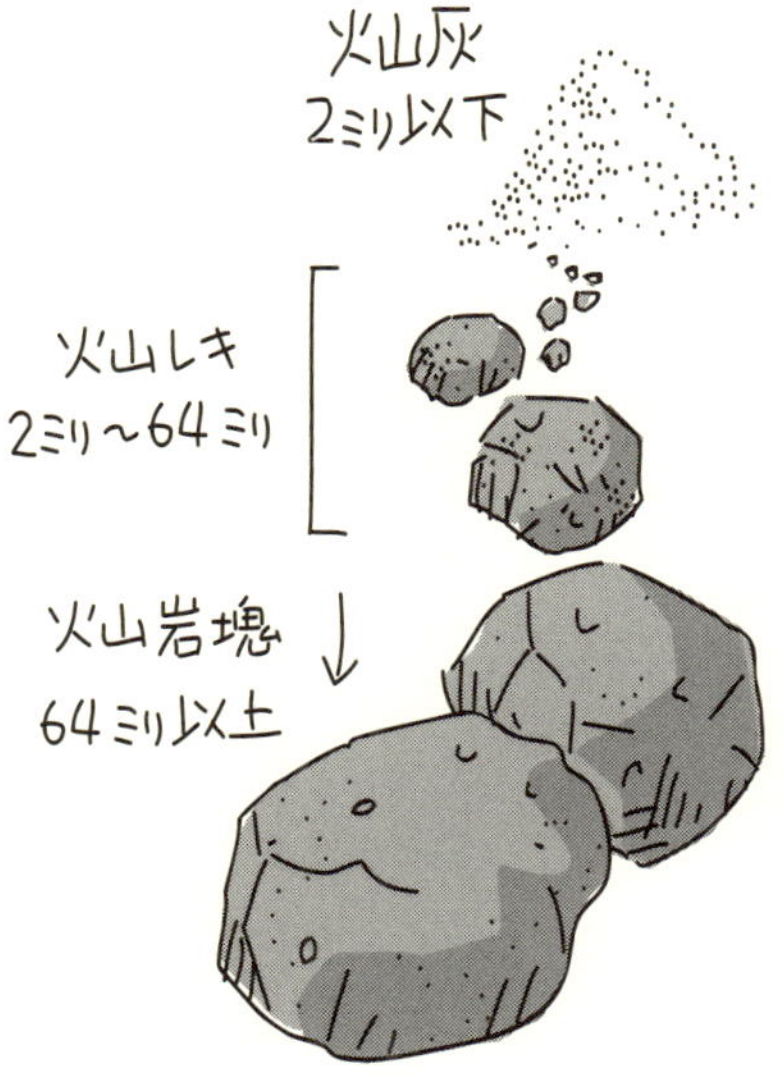

□ 溶岩流による災害

そして、２つ目にあげられるのが、「**溶岩流**《ようがんりゅう》」による災害です。溶岩流とは、火口から流出したマグマが火山の斜面を流下していくことを指します。

他の災害に比べると、動く速さが劣るので、直接的な人的被害は多くありませんが、マグマの温度は９００度〜１２００度と高温なので、森林や村などは簡単に消失してしまいます。過去にこの溶岩流によって、国内でも集落が埋没する被害が起きています。

□ 火砕流による災害

最後に、「**火砕流**《かさいりゅう》」による災害についても考慮しなければなりません。火砕流とは、**溶岩片や火山ガスが混じった高温の煙が、火山の斜面を高速で流れる現象**です。１９９1年に43名の犠牲者を出した長崎県の雲仙普賢岳の噴火では、この火砕流が犠牲者の出た主な原因だったといわれています。

その煙の内部温度は数百度もあり、流れる速度は速いときで時速１００キロにも及びます。火砕流が発生してから逃げているようでは手遅れなので、どこが危険なのかハザードマップで確認し、火山活動が活発なときには、火山にくれぐれも近付かないことが賢明です。

噴火からどうやって身を守るか

「滅多に火山災害に遭うことなんてないだろう」と思って、火山について何も知らずに過ごすことは非常に危険です。いざというときに適切な行動が取れるように、火山に対する知識や対策を備えておきましょう。

□ ポイント1　ヘルメットの持参

活火山を登ったり近くに行ったりするときは、**必ずヘルメットを持参しましょう。**

万一、噴火とはち合わせてしまった場合は、ヘルメット（無ければカバン）で頭部を守りながら、火口から急いで離れてください。また、そのときに火山ガスや火山灰を吸い込まないように、タオル（無ければ衣類）を口に当てるようにしてください。

□ ポイント2　噴火警報のチェック

気象庁などが発表する噴火警報を小まめにチェックしましょう。噴火警戒レベルに伴い、指示も変わりますが、違和感や危険を少しでも覚えた場合は、警戒レベルが引き上がる前に自主的に避難してください。

旅行者に関しては、警戒レベルが発表されている際には、それがレベル1だったとしても、初めから近付かないことが賢明です。

噴火警戒レベル表

レベル1	注意が必要
レベル2	火口周辺立ち入り禁止
レベル3	入山禁止
レベル4	避難準備
レベル5	避難

国土交通省 気象庁『噴火警戒レベル』を元に作成

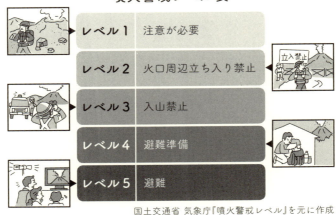

□ ポイント3　避難シェルター

活火山によっては避難壕《ごう》や避難舎があります。溶岩流などに対して効果が少ないことが難点ですが、落下してくる火砕物に対して、一時的な効果があります。

　事前に避難シェルターの位置を確認したうえで、万が一**噴火に遭遇した場合は、速やかにシェルター内に避難**しましょう。浅間山には3箇所、阿蘇山には15箇所あります。

　しかし、実は避難シェルターが設置されていない活火山がほとんどなのが実情です。経済的にも維持することが難しく、避難シェルターが設置されているのは、わずか12の活火山のみとなっています。

災害が起きたときに

第8章 雪害

日本の半分は豪雪地帯

シベリアからの季節風が寒気を伴って吹き寄せるとき、または、太平洋側の沖合において南岸低気圧の進行を伴うときに、大雪が降ります。

日本の国土の約半分は、豪雪地帯に指定され、実は積雪量的に見ても世界トップクラスの雪が降る国です。積雪高の世界1位は滋賀県、平地における一日の降雪量の世界1位は新潟県が記録を持っています。

最近では、温暖化が進み、雪が降る回数が全体に減ってきていますが、気温が上がると水蒸気の量も増えるので、1回あたりに雪が降る量は増大しています。

とはいえ、年中降るわけではありませんし、対策が行き届かず、雪に対して脆弱な街も多く、大雪が降るたびに交通機関がマヒし、大きな影響が出てしまっています。

雪害からどうやって身を守るか

過去20年の自然災害における死者・行方不明者数の内訳（135ページ）を見ると、**雪害は、年度によっては最も犠牲者を出すほどの自然災害です。**2014年には、121人もの犠牲者が出ています（平成27年版防災白書より）。

さらにさかのぼると、2005年12月～2006年3月に発生した「平成18年豪雪」では、日本海側で記録的な大雪が降り、死者152人、負傷者2145人という大きな被害が出ています。また、1963年1月に発生した「三八豪雪（昭和38年1月豪雪）」では、北陸・山陰地方を中心に大雪が降り、死者・行方不明者が231人も出てしまっています。

頻度が低い災害ではありますが、油断してはいけない災害の一つであることは間違いありません。気を付けるべきポイントを押さえておきましょう。

□ ポイント1　除雪作業に注意する

大雪における一番の死亡原因は、除雪中にあるといわれています。その中でも、屋根からの転落が非常に多いケースとなっています。まず、**屋根からの転落を防ぐために、しっかりと命綱やヘルメットを着用**するように努めましょう。

また、転落死者のうち、約50％の人が地面への強打が原因となっています。建物の周りの雪を残した状態で、屋根の雪を先に下ろすことが大切です。

そして、複数の人間で声をかけ合いながら行いましょう。晴れている日は屋根の雪が緩むので、急な落雪も起きます。下側にいる人も、細心の注意を払ってください。

□ ポイント2　外出時はペンギンのように歩く

まず、自動車や自転車の利用は避けてください。やむを得ず自動車を利用する場合は、積雪路用のタイヤに交換し、車内にスコップや非常食を積むことをお勧めします。また、急ブレーキはスリップを招きます。車間距離を取りながら、注意して運転してください。

歩行する場合は、転倒が非常に危険です。**歩幅を小さくして、ペンギンのように歩く**ことが大切です。また、滑りにくい長靴などを履くなどして対策してください。他にも、転んだときのことも考えて帽子を被っておくだけでも、大ケガを免れることができるかもしれません。

□ ポイント3　「備蓄」と「電力」の確保

もし家の中で数日間過ごさなければならなくなった場合でも、難なく生きていけるように、日頃から食料の備蓄をしておくことが重要です。

また、大雪は停電を招いてしまうことがあります。**発電機や乾電池などを用意し、停電時の電力を確保**しておきましょう。

大雪のときには雪崩にも注意

大雪の際には、「雪崩」にも十分に注意しなければなりません。山腹などに積もった雪が、重力の作用によって滑り落ちる現象を雪崩と呼びます。主に「表層雪崩」と「全層雪崩」の2種類があります。

国土交通省のデータによると、雪崩危険箇所に指定されている場所は、国内24県に約2万箇所もあります。レジャーなども含め、雪が積もっている山に近付く際には、その場所に危険性があるかどうか下調べすることが大切です。そして、雪崩の性質などについてもしっかりと理解しておきましょう。

なお、平成元年から、毎年12月1日～12月7日が「雪崩防災週間」として設定されていて、本格的な降雪シーズンを前に、雪崩に関連する知識の普及啓発が促進されています。

□ 表層雪崩

古い積雪面の上に降り積もった新雪が滑り落ちる現象です。雪崩のスピードは時速100キロ～200キロと非常に速く、その分パワーも強力です。

なお、低気温と降雪が続く時期、すなわち1月～2月頃の厳寒期に多く発生します。大規模なものは巨大な雪の煙を伴い、数キロに渡って起きることがあり、非常に危険です。短期間で大量に雪が積もったときにも発生しますので、注意が必要です。

□ 全層雪崩

斜面の固くて重たい雪が、地表の上を滑り落ちてくる現象です。雪崩のスピードは時速40キロ～80キロといわれています。表層雪崩と比べて遅いとはいえ、人間の逃げる速さでは追いつかれてしまいます。

なお、春先や降雨後、気温が急に上がったときに、起きる可能性が上がります。「しわ」「ひび」「こぶ」などの前兆現象が斜面に見られた場合、いち早くその場から離れてください。

□雪崩に巻き込まれてしまったら…

万が一、雪崩に巻き込まれてしまった場合、「雪の中で泳いで浮上する」「荷物を外す」「雪が止まりそうになったとき、両手で口の前に空間を作る」などの行動を取りましょう。**とくに、両手で口の前に息ができる空間を作れるか作れないかで生存時間は大きく変わります。**

もし、仲間が巻き込まれた場合は、「その人が流されている姿を見失わないこと」「見失ってしまった場合もその地点を覚えておくこと」が重要です。

「地震が起きたら机の下に潜れ」という教育の幻想

「災害っていろんな形があるんだね。大雨がこんなにこわいなんて……」

「ふむ。いつどんな災害に自分が巻き込まれるかなんてわからないからな。それぞれの災害について気を付けるべき点を、しっかりと知っておくことは決して無駄にはならないぞ」

「その通りだと思う。ねえ、ほかにも何かお話聞かせてよ」

「よし、いいだろう。では、地震が起きたとき、机の下に潜れってあるだろう？あれについて話そう」

「うん、僕もそれは学校で習ったよ」

「でもな、最近ではそれが間違っているという議論がたびたび起こっているんだ」

「え？　どういうこと？」

「たとえば、これを見てごらん。
机の下に潜って頭部を守る。
これ自体は一見素晴らしい行動に見える。
でも、実際は左のようだとしたら？」

「うわ、これじゃ机の下に潜っている意味がないよ……」

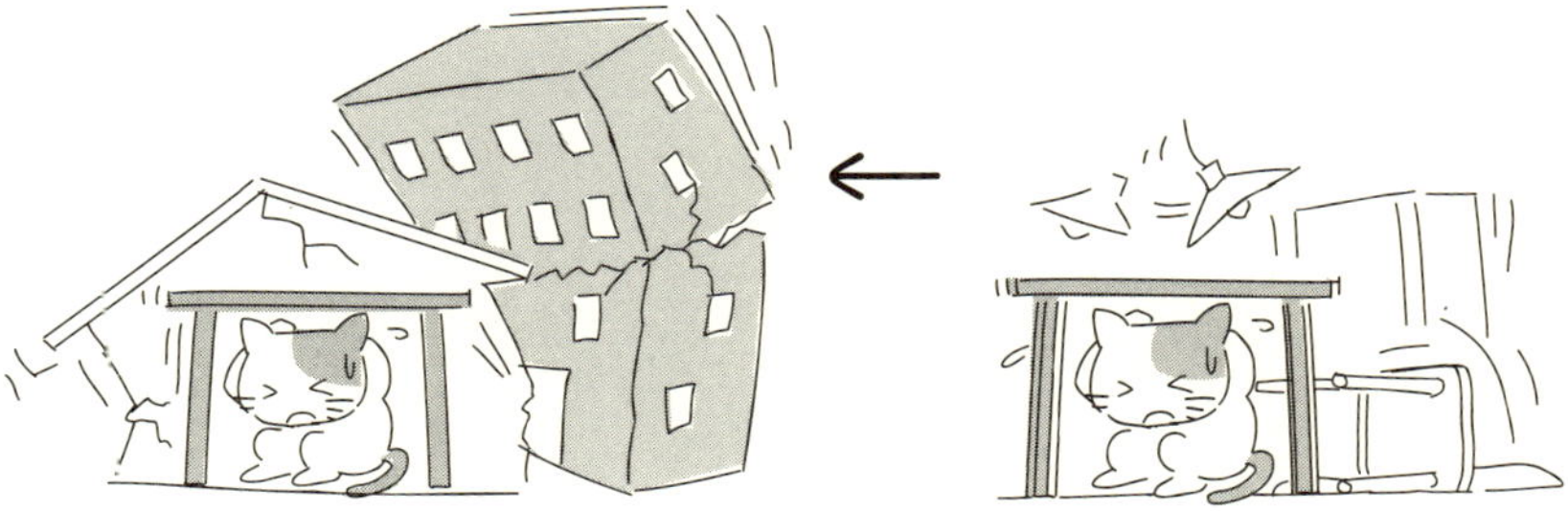

「そうだろう？　この場合は1秒でも早く建物の外に出るべきだ。つまり、その瞬間になってみないと一番いい判断は何なのかわからないし、その判断もできずにただ机の下に潜るだけではダメなんだよ」

「なるほど！　頭を柔らかくしておくことが大事なんだね！」

「その通り、〝想定内〟にとらわれちゃいけないんだよ。この場所でこういう災害があったらこうしよう。でもこうだったらこうしよう。そんなふうに日頃からいろいろ考えておくことが大事なんだ。机に潜ることが正しいときでも、頭から机に入る形は、とっさの行動が取りづらくなるから、後ずさりする形で入るようにしよう！　とかね」

「確かにおしりから机に入れた方が動きやすいもんね！　僕も普段から臨機応変に動けるようにいろいろ考えてみるよ、パパありがとう！」

おわりに

最後までお読みくださり、誠にありがとうございます。

この本は「災害が起きる前に」「災害が起きたときに」の2編に分け、防災の学問においてて私が大切だと感じていることを詰め込みました。「大切な人と防災がしたいな」と一人でも多くの方に思ってもらえていれば幸いですし、その想いが、老若男女の垣根を超えて、少しでも皆さまの周りの人に伝播《でんぱ》していくことを心から願っております。

私は防災意識の啓発活動を行う日々の中で、小中高生に防災のことをもっと知ってほしいなと常々考えています。

なぜなら、これから大きくなる子どもたちの防災力は、高齢化する社会において、間違いなく未来の日本の防災力そのものだからです。そして、あきらめないおじいちゃんを作るのも、我が子を守りたいとお母さんに思わせるのも、子どもたちですし、何よりも、子どもが率先者となって、災害から大人を救った事例が数多く存在するからです。

たとえば、イギリスの10歳の少女が、大勢の人の命を救った話があります。２００４年に発生したスマトラ島沖地震の際に、被災地の一つとなったタイのプーケット島・マイカオビーチ。家族とクリスマス休暇に来ていたイギリスの10歳の少女は、海面が下がったり泡立ったりする現象を海の中に見つけ、津波の前兆だと周りの大人たちに伝えました。

母親たちはその指摘に同意し、ビーチに面したホテルの従業員と協力して、ビーチ付近にいる全員を速やかに避難させました。その数分後にビーチを大きな津波が襲ったということで、本当に間一髪のところでした。こうして、約５０００人の犠牲者を出したプーケット島において、マイカオビーチだけは奇跡的に人的被害が出なかったのです。

約１００人の命を救ったこの少女は、２週間前に学校の授業でちょうど地震と津波について学んでいたということでした。

また、前にも触れましたが、2011年3月11日に発災した東日本大震災でも、子どもが大人を巻き込んで人的被害を大きく軽減した「釜石の奇跡」という話があります。釜石市では、2004年から小中学生に対して、積極的に防災教育が行われてきました。大きな地震があった直後、防災力の高い中学生たちは、避難をするか迷っている大人たちさえも巻き込みながら、高台へと避難。近くの幼稚園の児童などをおんぶして上へ上がったような話も聞きました。自分自身を守り抜き、そして、大勢の教師や地域住民を前にして、率先者となったのです。

東日本大震災によって、4万人近い人口を擁する釜石市では、1000人以上の人が犠牲となってしまいました。しかし、その一方で、市内14の小中学校に通う2926人に関しては、全体の99・8%にあたる2921人が無事だったというから驚きです。

このように、子どもが大人を災害から救った事例は数多く存在します。小中高生の皆さんには、「自分だって災害から多くの人を守ることができるんだ」という自覚の上、防災力を高めていってほしいと願っています。

そして、何よりも、その子どもの防災力向上のサポートに、大人たちは今まで以上に努めるべきなのかもしれません。
私自身も、そういった若い世代の防災力、未来の日本の防災力のために、自分ができることを今後も模索していきます。

最後になりますが、本書を出版するまで、大変多くの方にお世話になりました。防災の専門家が数多いる中、自分のような人間が出版することができたことも、ひとえに皆さまによるサポートの賜物だと思っております。このような貴重な出版機会をくださったワニブックスさま、ゼロから一緒に企画編集をしてくださった杉本透子さま、素敵なイラストを描いてくださった関根庸子さま、その他関係者各位に心より御礼を申し上げます。

小川 光一

エピローグ

「パパ！　今日はとっても勉強になったよ！」

「それはよかった。たくさん勉強したから、疲れちゃったんじゃないか？」

「うん、ちょっとだけね！」

「改めて今、どんなことを思う？」

「いろんな工夫しながら、もっと防災しなきゃなって思った！　もしものときでも、大切な人たちと一緒にちゃんと生き抜きたいって思った！　それから……」

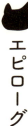

「それから？」

「本の中に、何年に何人死んで……って書いてあったでしょ？　これまでに災害でたくさんの人が命を落としてきたんだなって思ったら、とっても悲しくなったよ」

「そうだな。災害が起こるたびに誰かが犠牲になって。私も悔しく思うよ。大切な人を失ってから防災の大切さに気付いたって、すべてが遅過ぎるんだ。それでも大切な人を失うまで、私たちの多くは、それに気付くことができない」

「こんなに災害のたびに後悔する人がいるのに？　それでも災害が起きるまで僕たちは他人事なの？」

「私たちは、他人の出来事を、
自分事として感じる能力は備わっていないんだよ。
あたかも自分の事のように想いを馳せ、
近付けることができるだけなんだ。
大切なことは、誰かが災害で味わった悲しみを、
自分の未来かもしれないと心から思えるかどうかだ」
「そっか。僕、誰かの悲しみを絶対に無駄にしたくない」
「その気持ちで十分だよ。
よし、今日はここまで。また、勉強しような」
「うん！　パパありがとう！
今日教わったこと早速ママに話してくる！」

参考資料

『防災士教本』(特定非営利活動法人 日本防災士機構)
『東京防災』(東京都総務局総合防災部防災管理課)
『防災教育―学校・家庭・地域をつなぐ世界の事例』(ショウ ラジブ・塩飽孝一・竹内裕希子/明石書店)
『自然災害から人命を守るための 防災教育マニュアル』(柴山元彦・戟忠希/創元社)
『被災地の本当の話をしよう~陸前高田市長が綴るあの日とこれから~』(戸羽太/ワニブックス)
『人は皆「自分だけは死なない」と思っている』(山村武彦/宝島社)
『人はなぜ逃げおくれるのか――災害の心理学』(広瀬弘忠/集英社)

『The Abilene Paradox and Other Meditations on Management』(Jerry B. Harvey)
『木造建築を見直す』(坂本功／岩波書店)
『住宅の耐震化率　平成25年度版』(国土交通省)
『平成27年版防災白書』(内閣府)
『気象庁震度階級関連解説表』(国土交通省　気象庁)
『津波災害――減災社会を築く』(河田惠昭／岩波書店)
『都道府県別土砂災害危険箇所』(国土交通省　水管理・国土保全局)
『避難勧告等に関するアンケート調査結果(最終版)』(内閣府)
『イソップ寓話集』(岩波書店)
『火山噴火――予知と減災を考える』(鎌田浩毅／岩波新書)
『噴火警報と噴火警戒レベル』(国土交通省　気象庁)

小川光一 Koichi Ogawa

防災士。1987年東京生まれ。日本大学国際関係学部卒業。国際協力や防災教育を中心に活動中。2014年から2年間で約180回、47都道府県で防災講演を行う。「他人の痛みを想像できる人間であれ」を信条に掲げている。陸前高田まち・ひと・しごと総合戦略策定会議委員、ウガンダ支援NPO法人 MUKWANOサポートメンバー、認定NPO法人桜ライン311理事、防災ドキュメンタリー『あの街に桜が咲けば』監督兼著者、カンボジアエイズドキュメンタリー『それでも運命にイエスという。』監督 ほか

防災講演の依頼はこちらまで→KoichiOgawaB@gmail.com

装丁・本文デザイン　桑山慧人(prigraphics)

イラスト　関根庸子

編集協力　前田浩弥

校正　玄冬書林

編集　杉本透子(ワニブックス)

いつ大災害が起きても家族で生き延びる

著者　小川光一

2016年9月15日　初版発行

発行者　横内正昭

編集人　青柳有紀

発行所　株式会社ワニブックス

〒150-8482

東京都渋谷区恵比寿4-4-9　えびす大黒ビル

電話　03-5449-2711(代表)

　　　03-5449-2716(編集部)

ワニブックスHP　http://www.wani.co.jp/

WANI BOOKOUT　http://www.wanibookout.com/

印刷所　株式会社光邦

DTP　株式会社三協美術

製本所　ナショナル製本

ISBN 978-4-8470-9486-6